Margaret Kirk

Zähle die Tage meiner Flucht

Übersetzung, Bearbeitung und Nachwort zur heutigen Lage
von Alfred I. Gerster

R. BROCKHAUS

R. Brockhaus Taschenbuch Bd. 856

Titel der englischen Originalausgabe
»That Greater Freedom«

Das Motto aus Psalm 56 (S. 5) wurde der Lutherbibel
entnommen: revidierter Text 1984, mit Genehmigung
der Deutschen Bibelgesellschaft

Umschlaggestaltung: Carsten Buschke, Solingen
Umschlagfoto: dpa, Frankfurt/M. und
Margaret Kirk, Neuseeland
Gesamtherstellung: Breklumer Druckerei Manfred Siegel KG
ISBN: 3-417-20856-4
Bestell-Nr. 220 856

INHALT

»Wenn ich mich fürchte,
so hoffe ich auf dich.
Auf Gott will ich hoffen
und mich nicht fürchten.
Zähle die Tage meiner Flucht,
sammle meine Tränen in deinen Krug.
Das weiß ich, daß du mein Gott bist.
Ich will rühmen Gottes Wort.
Auf Gott hoffe ich und fürchte mich nicht.
Ich habe dir, Gott, gelobt,
daß ich dir danken will.
Denn du hast mich vom Tode errettet,
meine Füße vom Gleiten,
daß ich wandeln kann vor Gott
im Licht der Lebendigen.«

Von David, als ihn die Philister in Gat ergriffen hatten
(aus Psalm 56)

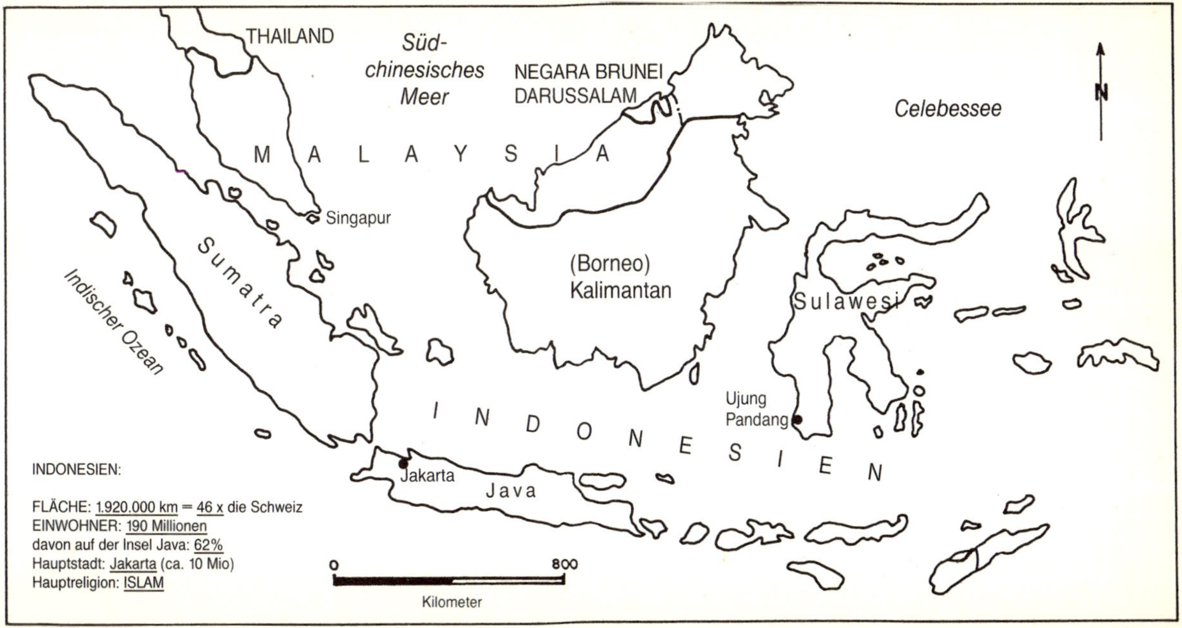

Südostasien

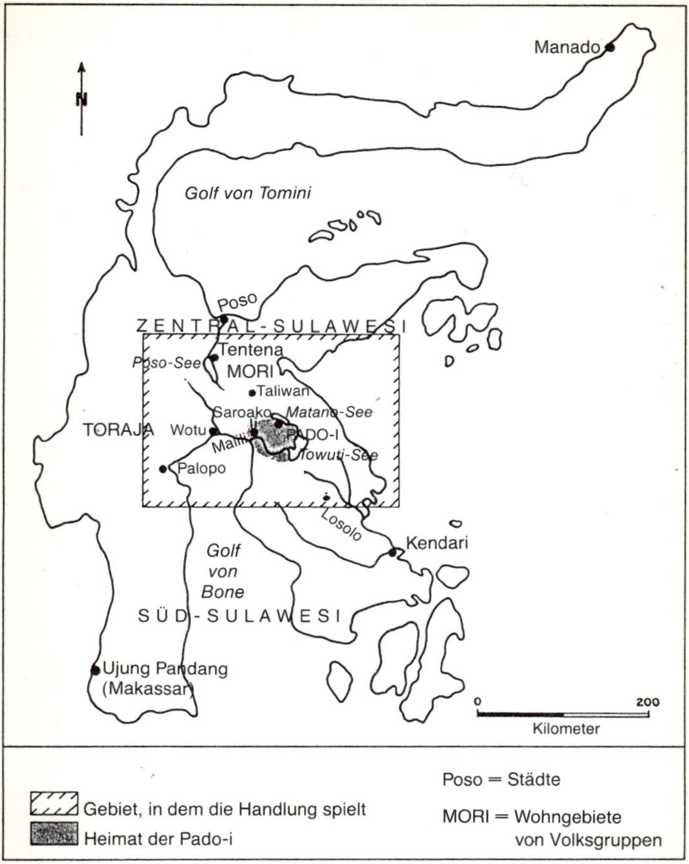

Manado
N
Golf von Tomini
Poso
ZENTRAL-SULAWESI
Tentena
Poso-See
MORI
Taliwan
Saroako
Matano-See
TORAJA
Wotu
Malili
PADO-I
Towuti-See
Palopo
Losolo
Kendari
Golf von Bone
SÜD-SULAWESI
Ujung Pandang (Makassar)
0
200
Kilometer
Gebiet, in dem die Handlung spielt
Heimat der Pado-i
Poso = Städte
MORI = Wohngebiete von Volksgruppen

SULAWESI

Bei den Pado-i

Wir sind unterwegs ins Landesinnere von Sulawesi und holpern mit unserem Geländewagen über die von der Sonne hartgebackenen, höckerigen Schlammspuren der sogenannten Straße. Es wird immer mühsamer. Schließlich bleiben wir stecken. Nun heuern meine indonesischen Kollegen Träger für unser Gepäck an. Tapfer stapfen wir nun den Pfad hoch, dem bewaldeten höchsten Punkt der östlichen Berge entgegen. Dort tauschen wir den kühlenden Schirm des Waldes mit dem offenen Grasland.

Zwei Tage später. – Eben dämmert der Morgen, während wir im eigentlichen Siedlungsgebiet ankommen, wo uns die einheimische Kirche erwartet. Wir sind meistens nachts marschiert, die sengende Tageshitze im offenen Gelände meidend. Mein Körper schmerzt, meine Beine sind bleiern. Jetzt nur nicht hinsetzen! Es wäre das Ende meiner Reise.

Das mit Palmblättern bedeckte Holzhaus steht auf Pfählen. Auf einer Art Hühnerleiter wanke ich zur Veranda hinauf und sinke augenblicklich in einen Rattan-Stuhl*. Als ich mein Gesicht trockne, entweicht mir ein Seufzer der Erleichterung, und unser Gastgeber versteht augenblicklich. »Sie sind alle sehr müde. Nehmen Sie doch nach dem Frühstück ein Bad im Fluß und schlafen dann erst einmal aus.«

Als ich wieder erwache, vergoldet die untergehende Sonne die Horizontlinie der von uns überquerten Berge. Ich springe auf, erfrischt und neugierig, was uns der nächste Tag wohl bringen wird.

Die Siedlung kuschelt sich in eine bewaldete, wellenför-

* Worterklärungen und andere Hinweise vgl. S. 187ff.

mige Niederung gegen Osten. Der senkrecht aufsteigende Rauch aus Hunderten von Küchen verwandelt den stillen Abendhimmel in eine Säulenhalle. Das scharfe Gezirpe der letzten Zikaden wetteifert mit dem Gelächter spielender Kinder. Noch während ich bewundernd schaue, verblaßt der Horizont. Der Lärm nimmt ab. Vom Bad im Fluß, der das Dorf teilt, kommen, eingehüllt in ihre Sarongs, noch einige ruhig und gemessen daher. Nun umfängt uns die tropische Nacht mit ihrem sternenübersäten Mantel. Ich beginne, das »Kreuz des Südens« zu suchen, da unterbricht mich Ibu Lara, die Gastgeberin.

»Der Mann aus Taliwan ist gekommen. Dorthin sollen Sie gehen.«

»Wo liegt das?« frage ich erwartungsvoll.

»Nur vier Kilometer von hier, hinter jener Höhe. Sobald Sie oben sind, sehen Sie unten die Lichter. Doch kommen Sie, stärken Sie sich erst einmal.«

Als ich mich später zu meinen Begleitern auf der Veranda geselle, löst sich aus dem Schatten eine untersetzte Gestalt mittleren Alters, und schon halte ich die kräftige, rauhe Hand eines Bauern in der meinen. Ein Bursche ergreift meine Tasche, schwingt sie auf seine Schulter und verschwindet in der Nacht.

»Das ist mein Sohn.« Rauh ist auch die Stimme des Bauern, aber warm und beschwingt. Ich will mehr sehen von seinem Gesicht, als die Dämmerung zuläßt. Man bringt eine glühende Kohle, und die Flamme seiner Fackel lodert empor. Leichtfüßig steigt er die steilen Tritte hinunter. Ich ergreife meine Lampe und reiße mich zusammen. Steifgliedrig stolpere ich hinter ihm her, über hartes Gras, auf holprigem Grund. Bald liegt das Dorf hinter uns. Rhythmisch schwirren die Halme mit unserem Schritt. Sonst ist es still.

Schließlich gelingt es mir, kurz nach Luft zu schnappen:

»Kennen Sie die Familie eines Studenten, der Natan heißt?«

»Natan? Ich bin Bapak Natan, sein Vater«, kommt es zurück.

»Wirklich?« stoße ich hervor. »Seltsam! Seinetwegen bin ich gekommen, und ausgerechnet Sie holen mich hier ab. Ich muß mit Ihnen und Ihrer Frau reden.«

»Über Natan?«

»Ja, über ihn. Er hat ein Stipendium für ein Theologiestudium gewonnen. Jetzt geht es noch um seinen Unterhalt.« Ein leiser Pfiff zischt durch seine Lippen. Kaum merklich verlangsamt er sein Tempo, und endlich hole ich ihn ein.

»Natan? Ein Stipendium, sagen Sie?« Überraschung und Freude schwingen unverkennbar mit. »Warten Sie nur, bis die Mutter das hört.«

Wir nähern uns dem Dorf. Die Kinder sind noch nicht im Bett. Sie haben unsere Lichter durch die Nacht tanzen sehen. Nun umschwärmen sie uns, scheu, neugierig und vernehmlich flüsternd. Im Schutz der Dunkelheit befühlt eines meinen leicht behaarten Arm, der so anders ist als ihre glatten, braunen Glieder, und schreckt sogleich zurück. Rundherum kichert es. Barfüßig trippeln sie im Staub, und in ihren schwarzen Augen spiegelt sich das Geflacker unserer Fackel.

»Sprechen die Kinder Mori?«

»Nein, wir haben unsere eigene Sprache.«

»Merkwürdig«, fährt es mir durch den Kopf, doch nun sind wir am Ziel, in der Kirche, die zum Bersten voll ist. Die Leute sitzen auf rohen, hölzernen Bänken und auf Matten. Petroleumlampen werfen ein weiches Licht auf die große Menge aufmerksamer Gesichter.

Es dauert viel länger als erwartet. Da ist kein Zeitmaß, denn Uhren fehlen.

Mein Schlaf im Haus des Dorfältesten ist kurz, denn schon vor Sonnenaufgang ist alles wieder lautstark auf den Beinen. Mit dem Verschwinden der Kinder in der Schule wird es ruhiger. Endlich kann ich mich umschauen.

Taliwan liegt im Vorgebirge auf dem Plateau eines Berges. Unten windet sich ein Fluß. Die sanften Terrassen der reichlich bewässerten Felder, hellgrün vom jungen Reis, enden am Wasserlauf. Und die grasigen Hügel gleichen den Wogen eines weiten, bronzenen Meeres, worin Bergkuppen wie blaue Inseln auftauchen.

Im schachbrettartig angelegten Dorf sind viele Häuser nur primitive Hütten, erstellt aus dem Bambus der Flußebenen und bedeckt mit dem überall wuchernden harten Gras. Das Vorgebirge muß wohl einmal baumlos gewesen sein. Heute umringen junge Kokospalmen jedes Haus und jede Hütte. Wenig höher als die Bauten sind sie und beginnen eben zu tragen. Gepflanzt wurden sie also gleichzeitig, vor etwa sieben Jahren. Solchen Gedanken nachhängend, schlendere ich zu Mama Natans Haus.

Wie am Vorabend versprochen, ist sie zu Hause. Wir setzen uns auf die Veranda des erst halbfertigen Hauses. Der neuen Bauweise entsprechend, steht es am Boden und thront nicht mehr auf Stelzen. Auch sind nicht mehr alle Wände aus Bambus. Holz ist an seine Stelle getreten, und alles wirkt seltsam zusammengewürfelt. Ein Knirps beäugt mich argwöhnisch aus der sicheren Distanz eines Zimmers, während ein Teenager Kaffee aufträgt.

»Von unseren eigenen Sträuchern«, sagt die lächelnde Mama Natan stolz, bevor wir uns am Boden niederlassen, und ihr Gesicht strahlt. Hiesiger Tradition folgend, heben wir unsere Tassen gleichzeitig an die Lippen.

»Ich habe letzte Nacht kein Auge zugemacht, weil ich Ihre Ankunft kaum erwarten konnte. Ich bin wohl aufgeregter als mein Sohn!« meint sie, und ihr Lächeln verwandelt sich in ein sprudelndes Lachen.

Das Baumwollkleid schmeichelt ihrer Figur keineswegs. Ihr langes Haar, mit einem Anflug von Grau, ist im Nakken zu einem schlichten Knoten gebunden. Dennoch habe ich den Eindruck von Schönheit. Sie wirkt streng, gütig, mütterlich und durchaus fähig, es mit dem Leben aufzunehmen.

Acht Kinder hat sie zur Welt gebracht, und immer noch ist sie daran gewöhnt, lange Tage in den Reisfeldern zu arbeiten.

Wir schlürfen Kaffee, wechseln einige Worte und setzen unsere Tassen erneut an. Das Gespräch kommt allmählich auf Natan und seine Zukunft, über die sie sich bereits Gedanken gemacht haben.

»Wir können mehr Reis pflanzen, mehr Kaffee verkaufen und sechs Schweine mästen, anstatt nur drei«, meint Mama Natan, während ihr Mann sich zu uns gesellt, ». . . wir werden alles in unserer Macht Stehende tun; Gott wird das sehen . . .« Ihre Augen strahlen, als sie fortfährt: »Denn als Kind weihten wir Natan dem Herrn.«

»Ja«, meint ihr Mann, »wir haben uns manchmal gefragt, ob er es wohl annehmen wird. Natan selbst wollte dann Religionslehrer werden. Und nun kommen Sie! Für uns ist das eine Bestätigung, daß Gott unsere Gabe annimmt«, schließt er mit einer ausdrucksvollen Bewegung seiner Hände.

Beide schauen mich an. Es ist ein unvergeßlicher Augenblick.

»Warum wollten Sie Ihr erstes Kind Gott weihen, Mama Natan?«

»Warum?« wiederholt sie und weist auf ihren Mann. »Er wird es Ihnen sagen, ich bin zu ungeschickt dazu.«

Bapak Natans zerfurchtes Gesicht gerät kurz in Bewegung, als wolle er etwas einwenden. Doch dann fragt er nur mild: »Nach all den Jahren?« Sie nickt, und in ihren Augen stehen Tränen. »Wir werden es zusammen schaffen, Mama Natan«, fährt er nachsichtig fort, während sein Blick in die Ferne schweift. In Gedanken ist er weit weg von Taliwan. Völlig abwesend sitzt er mit dem Rücken gegen die ungehobelte Wand, während seine schwere Hand den Kaffee rührt und rührt. Es scheint, als wolle er nicht mehr reden. Doch seine Frau sitzt geduldig und erwartungsvoll da. Endlich, nach langem Schweigen, legt er den Löffel auf den Tisch.

»Sehen Sie diesen kahlen Hügel und das Dorf? Hier sind keine Vorfahren begraben. Die liegen anderswo, in den Bergen und Tälern des Südens, verstreut, unbeachtet. Wir verließen unsere Leute, unser Land, unser Erbe. Wir taten es um der Kinder willen.«

Schlagartig geht mir auf, warum es hier zweisprachige Kinder gibt, sowie halbfertige Häuser und halbwüchsige Palmen, ganz abgesehen von der allgemeinen Kahlheit des Ortes. Taliwan ist ein Flüchtlingsdorf.

»Warum?« Bapak Natans Zunge, einmal gelöst, ist nicht mehr aufzuhalten, und unterbrechen will ich ihn nicht. Während meiner restlichen Tage hier im Dorf sitzen er, seine Frau und seine Freunde, die wie sie im Süden geboren sind, in Mama Natans Veranda. Und Kaffee trinkend, lassen sie die Vergangenheit wieder aufleben ...

Es war zu Beginn der fünfziger Jahre. Der Zweite Weltkrieg und die bittere Zeit der japanischen Besetzung waren überstanden, die niederländische Kolonialherrschaft war für immer vorbei. Indonesien war jetzt eine Republik.

In den Bergen, die den Matanosee umringen, hatte ein holländisches Bergbauunternehmen gehofft, Nickel zu finden.

Doch das plötzliche Ende der Kolonialzeit ließ auch das Geknatter und Gedröhn von Bohrhammer und Bagger verstummen. In den tiefen Tälern der jungen Republik wurde es wieder still. Während es den einen versagt blieb, Bodenschätze zu heben, gelang es anderen, den wahren Reichtum zu fördern. Sie hatten unter den animistischen, den Geistern opfernden Pado-i eine Kirche gegründet.

Berge und Nebel

Es war Sonntag vor Tagesanbruch. Ein dumpfer Gongschlag hallte durch die Morgenstille. Nebel erfüllte das Dorf mit kalter Feuchtigkeit.

Damjan regte sich, fröstelte und zog den Sarong enger. Die beißende Kälte am Rücken und der Morgenlärm weckten ihn unbarmherzig. Unten am Haus stöberten Hühner nach Futter. Schweine schnüffelten und grunzten. Sich auf die andere Seite wälzend, versuchte Damjan erneut, dem kalten Luftzug zu entweichen. Vergeblich. Die Nacht war vorbei. So stand er wohl besser auf. Auf einer anderen Matte konnte er die Umrisse seines Bruders Asril erkennen. Damjan verweilte noch einen Augenblick. Dann erhob er sich, rollte seine Matte zusammen, verstaute sie im Dachsparren, schlug seinen Sarong über die Schultern und kletterte die Leiter hinunter zu den Schweinen, die laut quiekend ihren Hunger bekundeten.

Sobald er den Reisschrot in den Futtertrog geleert hatte, verstummte das Gequieke, und jetzt sabberte und schlabberte es um die Wette. Dreizehn Schweine waren es, zwei halbwüchsige und ein gewaltiges Muttertier mit zehn Ferkeln. Die Kleinen schienen immer haarscharf dem Tod zu entkommen, wenn die dicke Alte sich vorbeischob. Die Schweine waren der Stolz des Vaters. Mit großer Sorgfalt hatte er den Verschlag gezimmert und mit der Gewandtheit eines Handwerksmeisters jedes Bambusstück einzeln genau zugeschnitten und eingepaßt. Der Stall stand erhöht, damit der Mist durch den Lattenrost zu Boden fallen und mit Wasser weggespült werden konnte. Geschützt war das Ganze mit einem Sagodach. Ein hervorragender Schweinestall und in mancher Hinsicht gar besser als das Haus, in dem die Familie lebte, dachte Damjan, während er abwesend das schmatzende Mutterschwein beobachtete.

»Wird sie's auf neunzig Kilo bringen?« Damjan fuhr zusammen und drehte sich um. Hinter ihm stand sein Vater, mit verschränkten Armen einen übergroßen Sarong zusammenhaltend, der nur den immer grauer werdenden Kopf freigab und seine kurze, drahtige Gestalt verbarg.

»Eher mehr«, vermutete Damjan, wohl wissend, daß seinem Vater ein Lob nicht unwillkommen war. Und richtig, ein vergnügtes Schmunzeln belebte die zerfurchte Landschaft seines ledernen Gesichts.

»Vielleicht hundert, hm? Welch ein Tier! Wenn dieser Wurf entwöhnt ist, ist sie schlachtreif für Asrils Hochzeit. Dafür wird sie aufgespart. Dann werd' ich's denen mal zeigen, was für ein Fest Bapak Asril steigen lassen kann. Man wird seinesgleichen nicht finden, im ganzen Land nicht!« Seine wachen Augen glänzten, sein Mund wurde wäßrig, und es drohte in seinen spärlichen Bart zu tropfen, als er die Sau mit einem Büschel Grünfutter lockte. Sie beschnüffelte seine Hand. »Siehst du, sie kennt ihren Meister!« Und zum Schwein gewandt »Ja, ja, meine hübsche Lady, du wirst uns vortrefflich dienen.«

So! dachte Damjan, da wird also über die Heirat meines Bruders verhandelt. Davon hörte er zum ersten Mal. Aber um Martha konnte es nicht gehen, das schien ihm sicher. Doch um wen dann? Plötzlich wußte er, weshalb Asril neulich so verschlossen war, und er verstand auch seine Lage; denn was ihr Vater wollte, das wurde durchgeführt.

Oben auf dem Treppenpodest erschien die Mutter, die Haare zu einem straffen Zopf geflochten, bereit zur Arbeit; eine hagere, kleine Frau mit strahlenden schwarzen Augen, von vogelartiger Behendigkeit, immer geschäftig.

»So! Mama Asril«, begrüßte sie ihr Mann, »für das große

Schwein haben wir ein Datum bestimmt. Und was machen wir dann mit den Kleinen?«

Sie zögerte, suchte nach Worten und sagte, sichtlich bemüht, sachlich zu wirken: »Das wäre noch zu überlegen, Bapak Asril. Eines aber soll als Dankopfer für zehn gesunde Ferkel dienen.« Ungläubiges Staunen bei Bapak, doch dann brüllte er: »Was?! Was hast du da gesagt, Mama Asril?«

»Du hast es doch gehört, Bapak Asril«, erwiderte sie leicht abwehrend. »So lehrte es doch der Missionar.«

»Satan! Das sind meine Schweine! Die hab' *ich* gezüchtet. Mit denen mach' ich, was *ich* will und nicht, was irgendein Holländer mir sagt!« Und seine Augen funkelten. »Die sind jetzt ja wieder in Holland.«

Mama Asril seufzte. Ihr Wille zur Sachlichkeit drohte in Bitterkeit umzuschlagen. »Manchmal denke ich, du hast dich nur taufen lassen, um eine Frau zu bekommen, die dir Schweinefleisch kocht«, entfuhr es ihr, und sogleich schlug sie die Hand auf den Mund. Nun standen ihre Vorwürfe und mit ihnen die ganze Ernüchterung und Enttäuschung zwischen ihnen. Am liebsten hätte sie sich die Zunge abgebissen.

»Warum ...« Entsetzt brach Bapak Asril unvermittelt ab, langte nach einem Stück Holz, und als er es hinter ihr herschleuderte, entwich sie in die Küche.

»Und was nützten uns diese hübschen Schweine, wenn wir Muslime geworden wären, wie die Familie deines Onkels, Mama Asril?« brüllte er hinter ihr her. »Das sag mir nur, Mama Asril!«

Der Onkel hatte mit der Familie gebrochen, um eine Frau von den Bugis zu nehmen, die sich als Händler und Fischer im fernen Süden überall an der Küste eingenistet hatten. Er fügte sich ganz ein und übernahm alles von ihnen, ihren Glauben wie ihre Lebensart.

Plötzlich wurde Bapak Asril gewahr, daß sein Sohn ihn anstarrte. Er gab sich einen Ruck, riß sich zusammen und knurrte noch: »Geh! Mach Feuer, Mama Asril. Diese verfluchte Feuchtigkeit zerfrißt mir meine Knochen.« Immer noch brummend, mit einem flüchtigen Blick auf Damjan, meinte er: »Hm! Junge, werde mir nur nicht so anmaßend und fanatisch mit der Religion. Sie ist deiner Mutter wichtiger als mir. Wir dürften nicht mehr auf die Geister achten, sagen sie. Es sei jetzt an der Zeit, daß in der neuen Republik alle eine richtige Religion hätten. Gut, vor langer Zeit habe ich mich deiner Mutter angeschlossen. Das heißt aber nicht, daß ich alles mißachte, was unsere Ahnen uns gelehrt haben. Ich will keine mißratenen Ernten, nur weil wir die Totengeister beleidigt haben!«

Damjan hörte schweigend zu und wußte nicht recht, was er von der Sache halten sollte. Das alles hatte er längst gehört. Der Großvater opferte noch immer den Geistern in den Feldern, zur Pflanzzeit wie bei der Ernte, so wie es eben die Tradition seiner Vorfahren verlangte. Für alles andere sei er zu alt. Abgesehen davon – was würden seine entehrten Ahnen auch denken! Er fürchtete, die beleidigten Totengeister brächten die Familie in Schwierigkeiten. Davon gab es bereits genug. Mußte nicht deswegen Mama Asril drei Mädchen schon im frühen Kindesalter verlieren?

Damjan erinnerte sich an seine geliebten kleinen Schwestern, die innerhalb einer kurzen Woche an einem schweren Fieber und Husten gestorben waren. Das geschah während der japanischen Besatzung. Medikamente gab es damals keine. Die ganze Familie war übel dran, doch die Mutter hatte keine Anstrengung gescheut, um einen Ältesten herbeizuholen, damit er mit ihnen bete. Dann hatte der alte Vater darauf bestanden, daß noch ein traditioneller Heilpraktiker gerufen wurde. Auch er kam, blies in die Nasen, murmelte seine geheimen Formeln, doch ohne Erfolg. Die kleinen Mädchen starben an einer Epidemie, die noch viele andere Kinder dahinraffte. Damjan fand Großvaters Urteil über die Familientragödie unannehmbar; dennoch wurmte ihn die Sache. Er diente den Ahnengeistern nicht, aber er fürchtete sie.

Der Gong erscholl zum zweiten Mal. Eine Brise begann den Nebel allmählich zu zerreißen, durch immer neue Lükken blinzelte die Sonne ins Tal hinunter, und bald erstrahlte das Dorf im schönsten Morgenlicht. In Bapaks Haushalt machte man sich zum Kirchgang bereit.

Wandula, wo Damjan und Asril zur Welt gekommen waren und wo ihre Familie seit Generationen gelebt hatte, war eine typische Siedlung des Südlands. Auf beiden Seiten der Hauptstraße stand Haus an Haus auf Pfählen, aufgereiht wie Soldaten. Die Pfähle der hohen Häuser waren am Fuß des Berges versenkt, die der niedrigeren in den moorigen Rändern der Sago-Sümpfe im untersten Teil des Tales. Alles war aus Holz, selbst die Wände, und hübsch bedacht waren sie alle mit Sago. Die Plätze bei den Häusern waren sauber, keine Spur von Gras. Hunde und Hühner, Kinder und Schweine tummelten sich darauf. Eine Schule, ein Sportplatz, eine Kirche, ein Laden sowie ein Büro der öffentlichen Verwaltung ergänzten die Siedlung. Im Hintergrund rauschte eine Brise durch die Kokospalmen.

Das Dorf Wandula im Nuha-Distrikt lag in der Mitte eines sichelförmigen Tales, wo zwei Flüsse sich vereinigten. Dahinter erhob sich ein mächtiger Berg, wie ein Wächter, der über dem täglichen Leben zu seinen Füßen vor sich hinbrütete. Dschungel bedeckte die Kanten der verschlungenen Kammlinien, deren Hänge weiter unten in ein Gemisch von Pflanzungen und Busch übergingen. Wie überall im Südland, kannte man in der Landwirtschaft nur die

Methode des Rodens. War das umgehauene Buschwerk trocken, verbrannten sie es und pflanzten dann direkt in die Asche. Nach zwei oder drei Ernten suchten sie nach einem neuen Ort. Dieser Vorgang wiederholte sich fortwährend. Es dauerte nicht lange, bis eine verlassene Pflanzung vom wiederauflebenden Wald verschlungen wurde. Lediglich ein grüner Klecks, nur um einen Schatten heller als der ursprüngliche Busch, verriet die nützliche Vergangenheit. Die an den steilen Hängen des großen Berges spärlicher gewordenen Pflanzungen wurden von den dunklen Felskanten eines Wasserfalls durchbrochen, der silbrig glänzend zu Tale stob.

Am östlichen Ende des Tales folgte ein Pfad dem Flußbett durch die Schlucht, wand sich dann bergwärts, einem hohen Sattel zu, wo er außer Sicht geriet. Es war ein Tagesmarsch durch den Wald, bis man zur Hauptstraße gelangte. Auch hier nahmen an den Hängen die nackten Felsen zu und die Pflanzungen ab. Die Berge seien hohl, klagten die alten Leute, und riesige Bäume verdeckten die Eingänge zu den Höhlen.

Über einen niedrigeren Sattel wand sich gegen Westen ein Pfad, der auf die Straße nach Malili führte. Dort war der Meereshafen und auch eine Polizeistation mit einem Telefon. Jeglicher Verkehr mit der Außenwelt führte über Malili.

Auf der Südseite des Tales durchbrach eine Schlucht das Gebirge, und das Wasser der vereinigten Flüsse stürzte sich tosend talwärts, jegliche Schiffahrt verwehrend.

Der Gong ertönte zum dritten Mal. Dumpf-heiser dröhnte und echote es rundum von den Felswänden durch diesen Sonntagmorgen. Mit diesem letzten, wuchtigen Schlag auf den hohlen Baumstamm vor der weißen Holzkirche war weithin hörbar der Beginn des Gottesdienstes kundgetan. –

Mehrere ereignislose Wochen waren vergangen. Es war ein strahlender Tag. Ganz oben auf dem großen Berg, auf einer der spärlichen Lichtungen, schwangen zwei junge Männer ihre Hacken. Mühsam drangen die wuchtigen Schläge in die harte, rote Erde. Langsam, Schritt um Schritt, näherten sie sich der Grenze von Pflanzung und Wildnis. Dort angekommen, warf Damjan seine Hacke beiseite. »Ayo! Asril, die Sonne steht schon tief! Sollten wir nicht besser aufbrechen?« Auch Asril warf seine Hacke weg, rollte seine müden Schultern und begann die Regelmäßigkeit der Furchen zu mustern. Rotgolden leuchteten nun die frischen Schollen im Licht der untergehenden Sonne. Asril war zufrieden.

Jetzt fehlte nur noch der Regen zum Pflanzen des Ubi.

»Also, gehen wir!« antwortete er schließlich.

Am Rand des Buschs stand auf hohen Stelzen ein Unterschlupf. Der Aufbau aus jungen Stämmen war fachmännisch zusammengefügt, mit Rattan-Schnüren gesichert, der Boden aus gespaltenem Bambus. Schichten von Sago-Blättern bedeckten Dach und Seiten. Ein schlanker, gekerbter Stamm diente als Leiter vom Boden zum Eingang. Behende begaben sich Damjan und Asril nach oben und versteckten ihre Hacken im Dach.

»Gut, daß wir den Fledermäusen und Affen zuvorgekommen sind«, frohlockte Damjan, während er Bananen und eine Papaya im Baso verstaute. Asril war eben dabei, unter dem Dach einen Querbalken abzusuchen. »Die Seife ist weg. Heute morgen war sie noch da.«

»Ich hab' sie nicht.«

»Schlampiger Kerl.«

»So! Und was liegt denn dort?« Asril folgte Damjans Blick zu einem Spalt im Boden. Er sprang aus der Hütte und kam mit der verloren geglaubten Seife zurück, die er in seiner Hosentasche verschwinden ließ. Seife wurde von

Malili mit Packpferden über die Berge gebracht. Wenn das so wichtig ist, dann soll er sie doch haben, dachte Damjan. Er befestigte den Baso an seinen Schultern, richtete das Stirnband, stieg sachte den gekerbten Stamm hinunter und machte sich gemessenen Schrittes hinter Asril auf den Weg. Im Busch folgten sie dem Trampelpfad, der sich ins Dorf hinabwand. Wenig später verschwanden sie in einer angrenzenden Pflanzung.

Als sie an der dortigen Hütte vorbeikamen, pfiff Asril – keine Antwort. Die Leute hatten den Ort bereits verlassen. Weitere aufgegebene Pflanzungen und Hütten folgten. Dazwischen ging es immer wieder durch Wald. Asril schritt zügig voran. Auf der linken Schulter hielt er ein Bündel Brennholz fest. Mit seiner Rechten räumte er störendes Gewächs aus dem Weg, lustig schlenkerte der Parang an seiner Seite. Er verschwand, als der Trampelpfad sich steil abfallend in die Tiefe wand. Weit unten toste der Fluß. Der hochsitzende Baso zwang Damjan zu langsamerem Schritt. Sorgfältig überstieg er Wurzeln. Nach flachen Flächen suchend, glitten seine bloßen Füße dicht über die feuchte Erde. Dann und wann stützte er sich an einem Stamm. Immer tiefer und tiefer ging es.

Plötzlich lag sie vor ihm, eine grasbedeckte, gegen Westen geöffnete Lichtung, auf der eben die letzten Sonnenstrahlen verweilten. Sprühend und schäumend wälzte sich dort der Fluß durch sein Bett, bis er sich scheinbar ins Bodenlose stürzte.

Asril ging ins Wasser und benützte eifrig sein bißchen Seife, war aber schnell wieder draußen und schüttelte sein nasses Haar wie ein Pudel. Bald darauf verschwand er auf der anderen Seite der Lichtung im Busch. Damjan wunderte sich, was in seinem wortkargen Bruder wohl vorging, wußte aber, daß er es nie erfahren würde. Asril löste seine Lebensprobleme allein. Er bedurfte keiner Ratschläge.

Damjan nahm sich Zeit. Mit den aus der Hütte mitgenommenen Papaya-Blättern rieb und reinigte er sich gründlich von Kopf bis Fuß. Am Ufer auf einem Stein sitzend, ließ er seinen Körper von einem bißchen Brise und der letzten Abendsonne trocknen. Dazu zog er aus seiner Hose ein Stückchen Kamm sowie eine Spiegelscherbe, die er als Achtzehnjähriger bei einem Tauschhandel erstanden hatte. Vor drei Jahren hatte er sich zum ersten Mal erblickt, und der Schock war noch nicht vergessen: Schwarz! Hatte er sich doch eingebildet, sein Gesicht sei von gewinnendem hellem Braun. Verzweiflung hatte sich seiner bemächtigt, denn nun würde ihn kein Mädchen beachten.

»Schwarz« hieß nicht rabenschwarz, sondern einfach dunkel, wofür Wind und Wetter ständig sorgen. Daran hatte sich nichts geändert, wie sein kritisch prüfender Blick in den schmutzigen Spiegelrest ergab. Glatthäutig, mit breiter, flacher Nase, die Augen weit auseinander, zähes, widerspenstiges Haar – es hätte irgendein Gesicht im Südland sein können, wäre der Mund nicht gewesen. Eine großzügige Oberlippe mit einem Grübchen darüber, und eine leicht vorstehende Unterlippe, ein guter Sitz für die Bambusflöte, fielen auf. Damjan zog sich an, strich sein Haar zurecht und ließ den Spiegel in der Tasche verschwinden. Schwarz – was soll's! Er war reifer geworden und empfand das nicht mehr so sehr als Katastrophe.

Wie alle hier war Damjan leicht gebaut, doch seine Muskelkraft war unverkennbar. Erneut befestigte er den Baso an den Schultern und erhob sich. Es war beinahe dunkel. Wäre er nur nicht so weit hinter seinem Bruder zurückgeblieben! Die Gegend war menschenleer. Nun traf man nur noch jene anderen Wesen, die hier lebten – die Geister. Er beschleunigte seinen Gang mit weitausholenden Schritten. Jede Luftwurzel, jeder auffällige Stein, jedes düstere Loch schien verdächtig. Hinter jeder Wegbiegung witterte er etwas, und immer wieder narrte ihn der Hall seines Schrittes oder das Rascheln des Windes in den Bäumen. »Uff!« Überall dieses seltsame Flattern und Schwirren.

Jetzt strich ihm etwas Feuchtes übers Gesicht, fast wie Haar. Seine Hände flogen an die Augen. Nun blieb sein Baso hängen. Er stockte, glitt aus, stolperte und merkte dann, wohin er geraten war. Er hatte sich in den herabhängenden Luftwurzeln eines Baringin verfangen, dort, wo die Geister hausten. Stampfend zog er schnell weiter. Nur keinen Blick nach oben! Ihm war, als höre er ihr Hohngelächter unter den mächtigen Zweigen, die ihn wie ausgebreitete Arme umfangen wollten. Schnell suchte er noch nach einer aus seinem Baso gefallenen Frucht. Vergeblich. Also weiter! Und er sputete sich. Jetzt nur noch weg von hier, raus aus diesem Wald.

Keuchend erreichte er die Straße, die zum Dorf führte. Lichter der ersten Häuser in der Ferne ermutigten ihn. Schließlich sah er sein Haus, heller erleuchtet als sonst, weich und warm aus der Dunkelheit herausscheinen. Das war der wöchentliche Hauskreis, der sich heute bei ihnen traf. Er verzog sich über die Hintertreppe ins Zimmer und bemerkte sogleich den leeren Haken, an dem sonst Asrils gute Kleider hingen. Jetzt erst war ihm klar, warum sein Bruder die Seife haben mußte und weshalb er so gelaufen war. Immer, wenn die älteren Leute samstags zusammenkamen, traf sich auch die Band der Jungen zur Probe. Asril war fraglos vorausgelaufen, um Martha abzuholen und dorthin zu begleiten; es war seine einzige Gelegenheit.

»Damjan?« Seine Mutter hatte ihn gehört. »Mußt du unbedingt zur Probe weg?«

»Tja . . .« Er wußte, was sie wollte. Zu Hause bleiben und helfen sollte er. Er stöhnte verhalten und wartete.

»Könntest du nicht dableiben, dich um das Feuer kümmern und Wasser holen? Ich weiß nicht, wie ich mit allem fertig werden soll.« Sie kam aus der Küche, wo sie den ganzen Tag gebacken hatte; Haare hingen ihr ins Gesicht, die geröteten Augen tränten vom Rauch.

Könnten sie es denn wirklich nicht einfacher machen? fuhr es Damjan durch den Kopf. Doch er kannte die Antwort nur zu gut: So und nicht anders war es eben Brauch, und der Mutter bedeutete es viel. »Überlaß das nur mir«, beruhigte er sie mit gespielter Sorglosigkeit.

Für Wasser waren in der Küche große Bambusgefäße aufgereiht. Damjan schritt sie ab, und der Boden knarrte unter seinen Füßen, während er sie beklopfte. Nur wenige tönten hohl, womit sich ein Gang zum Fluß erübrigte. Im offenen Herd aus gestampfter Erde glühten zwischen Steinen einige Kohlen. Er schob den rußigen Kessel darüber und legte Späne auf. Draußen auf der Veranda erscholl ein rauher Lobgesang. – Vornübergebeugt saß Damjan auf einem Holzklotz und lauschte den Worten des Predigers, dessen Stimme unbehelligt durch die nächtliche Stille drang.

Als schließlich der Wasserkessel zu singen begann, erschienen unter der Küchentüre zwei Gestalten. Die eine mit einem gewellten, wippenden Haarschopf. Ein Lächeln formte ihr Gesicht gleich einer reifen Frucht, aus der die großen, dunklen Augen warm leuchteten, und neben ihr stand gewissermaßen die kleinere Ausgabe.

Es waren zwei Verwandte, Rusmini mit ihrer jüngeren Schwester Lena. »Warum seid ihr nicht in der Jugendgruppe?«

»Wir sollen hier helfen. Deine Mutter bat uns darum.« Sie bedienten die Gäste mit artiger Würde. Später, als sie die Tassen spülten und sich an den restlichen Kuchen gütlich taten, stimmte Rusmini ein Lied an. Mit schelmischen Augen und wiegendem Körper begann sie zu reimen. Alles bog sich vor Lachen. Sie war musikalisch, und ihre Einfälle waren köstlich. Doch unvermittelt brachen Überschwang und Reime ab.

»Ich kann einfach nicht mehr. Mir schmerzt der Bauch vor Lachen.« Dann wurde sie ernst. »Damjan, wir haben heute in Laras Laden etwas Merkwürdiges gehört.«

»Ihr Frauen habt doch immer was zu klatschen«, spöttelte er.

»Das ist kein Tratsch! Lena hörte letzte Woche dasselbe.« Rusmini hielt inne. Sie wollte beeindrucken.

Doch Damjan stichelte weiter. »So, heraus damit, was hast du gehört?« Sie ließen sich auf dem Boden nieder.

»Ein Mann aus einem anderen Dorf erzählte Bapak Lara von seltsamen Dingen, die oben in den Pflanzungen geschehen sind.«

»Was denn?«

»Ernten seien verschwunden, hat er gesagt, Ubi und Mais! Er war ganz aufgeregt, denn es herrschte Nahrungsmangel in jener Gegend.«

Jetzt schaltete sich Lena ein. »Irgend etwas macht die Geister zornig. Im Laden ist doch ein schwangeres Mädchen, das keinen Mann hat – es stammt aus jenem Dorf.«

Rusmini schüttelte sich vor Lachen. »Du bist so abergläubisch, Lena. Das glauben doch nur noch die Alten.« Lena erntete einen strafenden Blick und senkte den Kopf. Mag sein, daß Rusmini gegenüber Damjan zeigen wollte, das sie diesen alten Glauben ablehnte. Doch für Lena stand fest: Rusmini war in ihrem Innersten auch nicht frei davon.

»Er sagte, es seien Leute im Wald gewesen«, fuhr Rusmini fort.

»Du meinst Menschen?« fragte Damjan gespannt.

Achselzucken – und dann: »Ich hörte nur, Leute aus dem Dorf wollten im Busch Rattan sammeln und seien dann nicht mehr zurückgekommen.«

Schlagartig stand Damjan wieder der heutige Abstieg vom Berg vor Augen. Er erstarrte.

»Was ist los mit dir, Damjan?«

»Die Leute haben wohl einen großen Fund gemacht und wollen ihn noch nicht verlassen«, meinte er, um von sich selber abzulenken, und begann, Kuchenreste durch die Bodenspalten auf den Hausplatz fallenzulassen – ein willkommenes Frühstück für die Hühner. »Ihr macht doch aus einer Mücke einen Elefanten. Ich habe nichts davon gehört.«

War er nicht die ganze Woche oben in der Pflanzung? Wie hätte er da etwas hören können? Laras Laden dagegen war die zentrale Nachrichtenbörse. Dort erfuhr man das Neueste, und was immer man vernahm, war nicht aus der Luft gegriffen. Damjan war darum entschlossen, am Abend bei seinem Bruder nachzufragen.

Als alle gegangen waren, saß Damjan neben der Küchentüre, seine Altflöte in der Hand, deren Rohr er mit Harz und Bienenwachs glättete. Schließlich setzte er sie an, und dann perlte es nur so in die Nacht hinaus.

Musik war seine Leidenschaft. Es gab unter den Pado-i keine Weise, die er nicht gekannt hätte. Andere Melodien lernte er, wenn er sie in Laras Laden im Radio hörte. Außerdem komponierte er selbst. Seine große Freude war, Rusminis Solostimme improvisierend zu begleiten.

Während er spielte, waren seine Gedanken bei der Band, die er heute verpaßt hatte. Sie probten für die jährliche Feier der Unabhängigkeit, ein noch junger Brauch. Er erinnerte sich genau an die Karte, die im Schulzimmer gehangen hatte, bevor die Japaner kamen, und sah wieder die vielen Inseln, die, einer Girlande gleich, von Sumatra bis Neuguinea reichten. Niederländisch-Indien hatte das damals geheißen, und nun wehte über allen die »Merah-putih«. Die neue Republik hatte für das Leben im Südland gewiß noch nicht das gebracht, was allgemein erwartet worden war, aber man würde ihr Zeit geben müssen. Jakarta, der Regierungssitz, war fast zweitausend Kilometer entfernt. Er kannte niemanden, der schon dort gewesen wäre.

Unvermittelt stand Asril da.

»Wie war's?«

»Was?«

». . . die Probe?« ergänzte Damjan, weil er ja nicht nach Martha fragen durfte.

»Wie immer«, antwortete Asril abwesend.

Dann, im Schlafzimmer, fest entschlossen, mit Asril zu reden, versuchte Damjan mehrmals anzusetzen, vergeblich. Schließlich brummte Asril: »Lösch doch die Lampe«, womit die letzte Gelegenheit vorbei war. Mißgestimmt blies Damjan das Licht aus. Er haßte es, in völliger Dunkelheit zu schlafen, doch Petroleum war teuer und das billigere Harz schmutzig. Sein wortkarger Bruder drehte sich auf die andere Seite, und bald war nur noch sein Atem zu hören. Damjan dagegen war hellwach und versuchte, seine Gedanken zu ordnen, bis auch ihn die Müdigkeit übermannte.

Oben in der Pflanzung machte Asril in der Hütte die dochtlose Harzkerze bereit. Sorgfältig schabte er den Ruß ab und legte etwas trockenes Moos für den Funken des Feuersteins bereit. Dann entzündete sie Damjan unter einem Topf, der den schwarzen Qualm auffing. Jetzt wurden die Vorräte ausgepackt, und sie machten sich an die Sago-Kuchen, die nach Mutters Anweisung bald zu verzehren waren.

Es war Sonntagabend und eben dunkel geworden. Überall auf den Bergen um Wandula begannen in den Hütten der Pflanzungen die Harzkerzen zu glühen. Die

Leute hatten ihren Ruhetag unten im Dorf verbracht und waren im Gottesdienst gewesen. Jetzt waren sie wieder oben, bereit für die nächste Woche, fürs Ackern und Säen.

Asril saß mit gekreuzten Beinen, vornübergebeugt, den Kopf gesenkt. Er starrte ins Feuer, die Kaffeetasse schief in der Hand. Damjan betrachtete im Gegenlicht den Umriß von Asrils Kopf. Er unterschied sich nicht wesentlich von seinem, war aber eckiger und die Unterlippe anders. Es war die ebenmäßige Silhouette eines gutaussehenden Mannes.

Jetzt brach Damjan die Stille. »Vater will das große Schwein schlachten.«

»So!«

»Weißt du, wann?«

»Weiß ich!« erwiderte Asril, immer noch ins Feuer blickend.

»So stimmt's also, daß Vater deine Hochzeit vorbereitet?«

Asrils Hand zuckte, und die Tasse wippte. »Sieht ganz so aus«, kam es unverbindlich zurück.

Doch Damjan war nicht mehr abzuschütteln. »Mit welcher Familie?«

»Ist das wichtig? Was die planen, ist ohnehin nichts für mich.« Asril richtete sich auf und blickte zu Damjan, dem trotz des Dämmerlichts ein Funkeln in den Augen nicht entging. »Meine Absicht ist klar, ich werde Martha heiraten.« Das war es, was Damjan befürchtet hatte.

»Und Vater?« In Damjans Stimme schwang Angst mit. Eltern waren nicht verpflichtet, ihre Kinder vor der Verheiratung zu fragen.

»Hätte ich gewußt, daß Vater schon etwas im Schild führt, hätte ich ihn gebeten, wegen Martha zu verhandeln«, sagte Asril.

»Martha ist keine von uns.«

»Stimmt, und das wäre für Vater und seine Generation wohl undenkbar.«

»Gut, aber nachdem Vater bereits verhandelt, wird er wohl kaum aufgeben ...«

»Ausgeschlossen!« fuhr Asril dazwischen. »Das wäre ein untragbarer Gesichtsverlust und meine Weigerung eine unverzeihbare Respektlosigkeit.« Asril wußte, daß er in der Falle saß. Er schwieg und brütete vor sich hin.

»Was willst du tun?«

»Weiß ich nicht.«

Damjan war aufgewühlt und unglücklich. Ihm behagte es, wenn alles schön und glatt ging. Er bevorzugte darum ein Leben in den gewohnten Bahnen seiner Vorfahren. Das erschien ihm als der beste und sicherste Weg. Asril hingegen verfolgte das, was er wollte, mit der gleichen Hartnäkkigkeit wie sein Vater. Mit einem unüberhörbaren Seufzer zog Damjan die Leiter hoch und schaute in den nächtlichen Himmel. Treibende Wolken gaben stellenweise den Blick auf die Sterne frei, und hin und wieder sah man im fahlen Licht die Umrisse der Berge. Schwarz und schweigend lag unten der Busch. Ob in dieser Wildnis wohl Schlimmes ausgeheckt wurde? Wer seid ihr wohl dort unten? dachte er, drehte sich zu Asril um und stellte jetzt die andere Frage: »Du bist doch oft im Laden und sprichst mit Bapak Lara. Was hast du gehört von Leuten im Busch und ungewöhnlichen Dingen, die sich dort ereignet haben?«

»So, du hast also auch etwas vernommen?«

»Irgendeinen Tratsch. Glaubst du denn nicht, daß das nur leeres Geschwätz ist?«

»Wenn es nur so wäre!«

Damjan lief es kalt über den Rücken.

»Bapak Lara ist überzeugt, es bestehe ein Zusammenhang mit den Vorfällen in einigen Gebieten weiter südlich. Aber aus Jakarta hörst du im Radio nichts davon. Die Regierung spricht kaum darüber. Sie versucht den Eindruck zu erwecken, die Sache sei nicht der Rede wert. Weißt du noch, was die Bugis-Händler vor einigen Wochen erzählten?«

»Jaaa . . .«, antwortete Damjan unbestimmt. Von dem, was aus der entfernten Welt jenseits des Tales bis zu ihnen drang, hatte vieles kaum etwas mit dem Ackern auf den roten Bergen zu tun. Man schnappte es schnell auf und vergaß es wieder. ». . . Einige Regierungsbeamte waren von Guerilla-Kämpfern entführt worden. Ist man ihnen auf die Spur gekommen?«

»Nein. Man fand sie nicht wieder«, antwortete Asril ziemlich entmutigt. »Ein desertierter Armee-Offizier ist jetzt Anführer der Aufständischen.«

»Dann sammelt er also Anhänger?«

»Klar. Man sagt, er sei enttäuscht, weil er keinen Sitz im neuen Kabinett erhalten habe. Wie auch immer, er ist gegen die Regierung und ihre Politik.«

»Denkst du, es waren seine Leute, die hier eingedrungen sind?« fragte Damjan und wartete gespannt auf Asrils Antwort. Der ließ sich Zeit.

»Bapak Lara sagt, sie weiten mit erbeuteten Waffen ihr Gebiet ständig aus.«

Damjan verschlug es die Sprache. So waren die von ihrem Rattan-Lager nicht mehr zurückgekehrten Familien offenbar doch in die Hände der Aufständischen geraten. Der unwegsame Busch, der so viele Dörfer im Südland umgab, bot eben Schutz für Freund und Feind. »Sich hier verstecken, wäre nicht schwer«, meinte Damjan und versuchte, sich nichts anmerken zu lassen, »aber die brauchen doch zu essen.«

»Tja«, brummte Asril und entrollte seine Matte. »Hast du die Leiter heraufgezogen?« Und dann fiel kein Wort mehr von seiner Seite.

Doch Damjan konnte nicht schlafen. Sein Buschmesser, die Klinge so lang wie sein Oberschenkel, legte er dicht an seine Seite. Wer waren diese Männer? Was hatten sie gegen die neue Unabhängigkeit einzuwenden? War ihr Anführer nicht einer der Helden, die die Rückkehr der holländischen Kolonialarmee während vier verheerender Jahre bekämpft hatten, um die indonesische Unabhängigkeit zu erhalten? Und nun gab es die Freiheit. Aber irgendwie, auf unerklärliche Weise, wirkte sie sich gar nicht aus. Erfolglos versuchte Damjan alles durchzudenken. Er kam zu keinem Schluß. Jetzt klatschten dicke Regentropfen gleichmäßig aufs Dach und lenkten seine Gedanken auf das nächstliegende: »Morgen gibt es einen guten Pflanztag.«

In jener Woche pflanzten sie Ubi, Mais und Bergreis. Damjan hatte seine Flöte dabei. Er spielte sie, wenn sie in der Nachbarschaft auf Besuch waren. Dann wurde geschwatzt, gesungen und allerlei gereimt. Zur Pflanzzeit und bei der Ernte gab es hier oben mehr Geselligkeit als unten im Dorf. Je mehr das Jahr voranschritt, desto mehr freuten sich alle auf die Erntezeit. Nach der Ernte gab es einen Gottesdienst, gefolgt von einem gemeinsamen Festessen.

In der Nacht schließlich wurde an den Straßenkreuzungen im Kreis getanzt, in der Art eines improvisierten Singspiels mit Frage und Antwort, begleitet von Trommeln und Flötenspiel. Das war für geschickte Leiter *die* Gelegenheit, allgemein interessierende Nachrichten, darunter vielleicht auch »Ungereimtes«, in Verse verpackt unter die Tänzer zu bringen, die dann im Chor antworteten. Je witziger die Antwort, desto fröhlicher und ausgelassener wurde das Dorffest. Hier konnten die jungen Leute zusammenkommen und sich gegenseitig einschätzen. Hochzeiten fanden in der Regel nach der Ernte statt. Erst dann wußte man, ob die Nahrung für ein unbegrenztes Fest mit den Familien ausreichte.

Nachdem Damjan mitbekommen hatte, wie es Asril erging, wollte er Ähnliches vermeiden. Darum hatte er begonnen, die Mädchen mit ganz anderen Augen zu betrachten. Er versuchte abzuschätzen, bei welchen der Einspruch seines Vaters unwahrscheinlich wäre. Weil dies bei einigen zutraf, beschloß er heimlich, für seine endgültige Wahl das Los entscheiden zu lassen. Doch zum Einhandeln einer wirksamen magischen Formel besaß er außer seinem Parang und seiner Flöte nichts. Der Parang war nur wenig wert, und bei der geliebten, sorgsam gepflegten Flöte zögerte er anfänglich, entschied sich dann aber, auf den Handel zu verzichten. Nicht nötig, dachte er, ich benütze meine eigene Formel. Als das Los auf seine weitläufige Verwandte Rusmini fiel, die Flötenspielerin, mußte er lachen. Jetzt müßte doch alles in Ordnung gehen. Sie hatten vieles gemeinsam, und gab es einen besseren Weg, die Familienbande zu stärken? Bis die Zeit reif war, sollte das Los sein Geheimnis bleiben.

Es war Dezember. Mama Asril hatte begonnen, Töpfe mit Sago-Keksen zu füllen. Bapak Asril machte sich daran, eines der Schweine für das Weihnachtsfest auszusuchen. An einem Sonntag waren Damjan und Asril morgens früh nach Wandula hinuntergestiegen. »Damjan«, hatte die Mutter gerufen, »Vater ist wegen der Packpferde in Laras Laden. Könntest du ihm bitte noch sagen, daß das Salz ausgegangen ist?« Für die Männer gab es keinen willkommeneren Zeitvertreib, als die Ankunft der Packpferde von Malili zu beobachten. Mit ihnen wurden nicht nur lebensnotwendige Güter, sondern auch Neuigkeiten gebracht. Was man dabei erfuhr, half, die vagen Meldungen von Radio Jakarta besser zu verstehen und mit den Vorgängen in dieser abgeschiedenen Gegend zusammenzureimen.

Sobald Damjan das Gewimmel vor dem Laden sah, spürte er eine gewaltige Aufregung. Die Leute drängelten und stießen nach allen Seiten. Lautes Stimmengewirr schwappte Damjan entgegen. Jetzt lief er, so schnell er konnte, mischte sich unter die Menge, und die Erregung packte ihn ebenso. Damjan überhörte das Geschnatter und bahnte sich seinen Weg zur Mitte. Er wollte nur den Mann erreichen, den er kannte. Mittendrin luden die Begleiter ab. Sie genossen ihre Bedeutung als Neuigkeitsboten, das sah man ihnen an. Seinen Gewährsmann fand Damjan am Ende der Kolonne, vornübergebeugt die letzten Pakete aus einer Satteltasche ziehend. »Om Toni! Was ist passiert?«

Erstaunt blickte der Mann auf. »Das weißt du nicht?«

»Wir sind gerade von der Höhe heruntergekommen.«

»Es geht um den Vorsteher des Distrikts. Er wollte Saroako besuchen und wurde samt seinen nächsten Mitarbeitern entführt. So wurden sie umgebracht!« Mit der Hand schlug er wie bei Karate gegen seinen Nacken.

Damjan stand da wie angewurzelt. Der Repräsentant der Regierung und noch einer von ihnen – ein Pado-i!

»Warum?« würgte er heraus. »Warum machen sie das?«

»Sie sind gegen die Regierung und die Politik des Präsidenten und gegen alle, die ihnen in die Quere kommen. Einen islamischen Staat wollen sie. Und wir sollen uns unterwerfen!«

»Wem?« fragte Damjan weiter, dem immer unheimlicher zumute wurde.

»Muzakkar, einem desertierten Armee-Offizier, und seinen Gefolgsleuten.«

Mehr zu hören, ertrug Damjan nicht. Die Absicht der Aufständischen war klar, und wer sich widersetzte, wurde aus dem Weg geräumt. Murmelnd verabschiedete er sich von Om Toni und wandte sich heimwärts. Ein bisher unbekanntes Gefühl von Schwäche überfiel ihn. Wie isoliert die Pado-i doch waren!

Zu Hause war alles verlassen. Die Mutter nahm ein Bad

im Fluß. Asrils Kleiderhaken war ebenfalls leer. Natürlich, es war Samstagabend. Asril war bestimmt schon bei Martha. Das Neueste würde er wohl unterwegs erfahren. Damjan stand noch ganz unter Schock. Allein zu Hause hielt er es nicht aus. Ihn zog es mächtig zu seinen Freunden. In der Küche stand kalter Reis. Damjan nahm davon, griff zu seiner Flöte und machte sich auf den Weg zur Band, wo gleichzeitig Laras Sohn Pagi, die Baßflöte unter dem Arm, eintraf.

Beide waren erschüttert. Sie mußten ganz einfach mit anderen reden. Der Laden verhalf Pagi zu einem besonderen Zugang zu den Neuigkeiten. Kein Altersgenosse war so gut auf dem laufenden, keiner konnte seine Meinung so frei äußern, und keiner nahm so gerne jede Gelegenheit dazu wahr wie er.

»Natürlich, die Regierungstruppen sind im Hauptquartier in Palopo«, begann er. »Aber das ist weit von hier.«

»Hoffentlich bekommen sie die Sache in den Griff«, bemerkte Damjan vorsichtig.

Pagi zuckte die Achseln. »Es ist schwierig, diese Leute zu fassen«, meinte er, sich wie ein alter Kämpfer gebend. »Die können jahrelang im Wald leben.«

»Mag sein, aber doch nur, wenn sie bei anderen plündern und ehrliche Leute terrorisieren.«

Pagis Achseln zuckten erneut. »Sieht so aus«, meinte er.

Beide schwiegen. Pagi fingerte an seinem Instrument herum. »Du weißt aber, Damjan, was man im Laden hört: Mehr als die Hälfte der Armee sympathisiere mit Muzakkar!« Damjan starrte seinen Freund an. »In Palopo sagt man, die Leute schickten täglich Nahrungsmittel und andere Sachen weg, und die Soldaten drückten beide Augen zu. Unbemerkt stoßen offenbar ständig Leute zu den Aufständischen im Wald.«

Damjan stutzte und starrte ins Leere. Irgend etwas in

Pagis Stimme mißfiel ihm. War da nicht ein Unterton, wie wenn er nur allzu gerne selbst mitginge, falls sich eine Gelegenheit böte? Damjan riß sich zusammen. Hatte er geträumt?

»Auf welcher Seite siehst du uns?« fragte er herausfordernd. »Es ist doch verwirrend, wenn die Helden der Befreiung die neue Errungenschaft nicht zu ihrer eigenen machen und mittragen.«

Pagis Antwort war kurz: »Am besten, wir halten uns an die Gewinner.«

Argwohn beschlich Damjan. Hatte jetzt nicht in Pagis Stimme ein leicht spöttischer Unterton mitgeschwungen? Was immer es war, ein ungutes Gefühl blieb zurück; gehörte doch Pagi zu denen, die bei den Jungen den Ton angaben.

Aus der Kirche drang ein Gewirr von Tönen. Drinnen wurden die Instrumente eingespielt. Auch Damjan und Pagi gingen nun hinein und nahmen ihre Plätze ein. Bei der Probe führte Damjan die Flöten an. Es begann mit einer anspruchsvollen Melodie, die unwiderstehlich nach einer Gegenstimme rief, die Damjan auf jeden Fall übernehmen wollte. Und bald verlor er sich ganz im hingebungsvollen Musizieren.

Beschwingt und lautlos schritt Asril auf seinen Sandalen den sanften Hang hinauf. Sein Herz jubelte und hätte sich am liebsten hüpfend und tanzend ausgetobt, doch der Verstand winkte trotz Dunkelheit ab. Wohl verhinderten die Neuigkeiten, die er unterwegs gehört hatte, den sichtbaren Ausbruch seines Jubels, vermochten aber nicht, die ungemeine Fröhlichkeit, die sich seiner bemächtigt hatte, zu unterdrücken. Leise pfeifend schritt er zügig voran. Der Weg endete bei einer Gruppe von Behausungen, abseits des eigentlichen Dorfes und auch nicht unmittelbar am

Fuße des großen Berges. Es waren jene Häuser auf den hohen Pfählen.

Marthas Elternhaus stand im Dunkeln. Sichtbar war nur das Flackern des Herdfeuers durch die Ritzen der Bambuswand. Ihr Vater muß fort sein, dachte Asril. Er wird wohl mit den anderen Dorfältesten die neue Lage erörtern. Asril war erleichtert. Seine Beziehungen zu Marthas Vater waren durchaus gut. Seine, wenn auch verhalten wachsende Freundschaft zu Martha kannte ihr Vater und schritt nicht ein. Es gab aber etwas anderes, eine zunehmende Verlegenheit, weil die von ihm erwartete Botschaft, die von Asrils Vater kommen sollte, einfach ausblieb. Und Asril wußte, daß keine kommen würde.

Als er unten am Haus stand, rief er leise. Martha antwortete aus dem Dunkeln und lud ihn ein. So ließ er seine schmutzigen Sandalen stehen und stieg hinauf.

»Asril, ich muß bei Mutter und den Kleinen bleiben, bis Vater zurückkommt. Wir alle haben Angst.« Das unstete Licht der Lampe in Marthas Hand fiel auf die in der Ecke schlafenden Kinder. Geräuschen aus der Küche zufolge war die Mutter dort am Werk.

»Dann will ich mit euch zusammen warten.« Asril ließ sich bei der Leiter nieder, und Martha setzte sich zu ihm.

Ihr Vater, Rumit, war Schulleiter. Wie viele Lehrer in der Gegend war auch er ein Außenseiter. Er war seinerzeit vom Mori-Distrikt, also aus dem fernen Norden, hierher gekommen, und zwar auf Verlangen holländischer Missionare. Seine Aufgabe war es, den Missionaren bei der Einrichtung von Schulen in der damals neu zugänglichen Gegend der Pado-i zu helfen. Er hatte dann eine hiesige Frau geheiratet, war Ältester in der Kirche und leitete einen Hauskreis.

Von ihm hatte Martha die hellere Haut und höheren Backenknochen als hier üblich. Eine anmutige Erscheinung, mit einer inneren Haltung, die ihrem Alter voraus war. Als Älteste von neun Geschwistern hatte sie schon früh Verantwortung übernehmen müssen. Gleichzeitig wurde sie von ihrem Vater zu selbständigem Denken angeleitet. Sie lernte ihre unabhängige Meinung furchtlos zu vertreten, auch wenn sie von hier üblichen Ansichten abwich. Martha dachte viel nach. Das hatte Asril gleich angezogen. Sie konnten zusammen reden oder auch schweigen. Ihnen war beides recht.

Eine Zeitlang dachten Marthas Eltern an eine Lehrerausbildung in Makassar. Bei einem Jungen wäre das wohl bald entschieden gewesen. Bei Martha zögerten sie. Bei einem Mädchen allein war das so eine Sache. Als dann die Familie immer größer wurde, hatte es schließlich auch an Geld gefehlt. So blieb Martha eben zu Hause und half mit, die Familie zu versorgen.

Leise besprachen sie ihre Lage. »Ein schwieriger Weg, wenn es überhaupt einen gibt«, meinte Martha kaum hörbar und starrte an Asril vorbei in die schwarze Nacht.

»Ich werde keine andere heiraten«, sagte Asril überzeugt und schloß die Augen, doch die bitteren Gedanken wichen nicht. Nun schwiegen beide, bis schließlich Vater Rumits leichter Schritt rhythmisch durch die Stille hallte. Die Krisensitzung der Dorfältesten hatte lange gedauert.

»Niemand wird heiraten, solange die Lage so ungewiß ist«, flüsterte Martha. »Wir können warten, Asril. Es *wird* einen Weg geben!« Sie blickte ihm ins Gesicht, ernst, aber ermutigend.

Nun standen sie auf. Der Ankömmling zog sich langsam an der Leiter hoch und sank dann erschöpft in den nächsten Stuhl. Bleich und düster war sein hohlwangiges Gesicht.

»Was soll ich euch sagen? Wenigstens sind wir alle einer Meinung, soviel war bald klar. Muzakkar ist ein verrückter

Fanatiker. Ach, diese Kriegshelden! Gewohnt, mit dem Finger am Abzug der mörderischen Gewalt zu leben, kommen sie mit dem normalen Leben nicht mehr zurecht. Erobern und zerstören wollen sie, am Aufbau liegt ihnen nichts.«

»Was geschieht nun?« fragten beide wie aus einem Mund.

Doch Rumit gab keine Vermutungen preis. Er schwieg und schaute in die Ecke, wo die Kleinen schliefen. »Wir müssen uns ganz Gott anvertrauen und die weitere Entwicklung abwarten«, sagte er schließlich.

Man verabschiedete sich, und Asril ging nach Hause. Rumit saß nun allein in der tiefen Stille der Nacht. Seine Gedanken wanderten in die Vergangenheit zurück. Glauben und Erziehung, beides verdankte er holländischen Missionaren. Das blieb unvergeßlich. Während Generationen hatte Holland hier auch regiert, sehr erfolgreich, doch zum eigenen Vorteil.

Mit dem Zweiten Weltkrieg kamen die Japaner. Das Verlangen nach Unabhängigkeit wuchs. Nach dem Krieg war die Gelegenheit günstig, das Joch abzuwerfen. Sukarno und seine Gefährten erklärten die Unabhängigkeit der Republik. Diese Kühnheit hatte Rumit begeistert. Dann kamen die herausgeforderten, beleidigten Holländer zurück. Immer wieder kam es zum Kampf, doch die junge Nation überlebte. Schließlich mußte Den Haag die Unabhängigkeit anerkennen. Das war im Dezember 1949. Damals lag die neue Republik am Boden.

Nun war offenbar ein interner Machtkampf im Gang. Ein Kampf um Ideologien, verbunden mit handfesten persönlichen Interessen.

In Zentral-Sulawesi hatte die Ausbreitung des Christentums unter der animistischen Bergbevölkerung dazu beigetragen, die alte Gegnerschaft zwischen ihnen und den an der Küste und im Süden lebenden islamischen Bugis zu vertiefen. Daran änderte auch die Unabhängigkeit nichts. Im Gegenteil, der Abzug der holländischen Truppen verlockte die Extremisten, den Kampf für einen islamischen Staat aufzunehmen. Der Kriegsheld Muzakkar, aus Java zu seinem Volk zurückgekommen, hatte der Politik enttäuscht den Rücken gekehrt. Er begrüßte diese Bewegung und benützte sie für seine eigenen Ziele.

Die Pado-i, das Volk, das Rumit zu seinem eigenen gemacht hatte, waren von Bergen und Busch umgeben. Im Osten, jenseits des Towuti-Sees, und im Norden, in den Dörfern rund um den Matano-See, lebten die Anhänger Muzakkars. Im Westen lagen Malili und das Meer. Alle anderen Orte durchdrangen die Aufständischen. Das im Südland isolierte Volk der Pado-i wurde damit zum einzig möglichen Hort des Widerstandes.

Als Rumit und die übrigen Ältesten das erkannt hatten, schwand die Hoffnung auf eine Unterstützung seitens der Garnison in Malili. Sie war ohnehin klein und ihre Treue unsicher. Die Pado-i konnten somit nur hoffen, eine Verstärkung durch Regierungstruppen werde noch vor den Terroristen eintreffen.

Die Taktik der Aufständischen im Blick auf die Unterwerfung ihrer Gegner war bekannt. Die Männer terrorisierten ganz einfach die Bevölkerung, indem sie Leute in Schlüsselstellungen entführten. Als Grund gaben sie Treue zur Regierung und angebliche Sympathie mit der ehemaligen Kolonialverwaltung oder irgendeine kulturelle Verbindung mit den Holländern an. So waren die auf Gewalt verzichtenden christlichen Dörfer Gemeinden im Südland einem Feind, der im Hinterhalt lauerte, auf Gedeih und Verderb ausgeliefert.

Heute hatte einer von Rumits Kollegen das gesagt, was jeder dachte: »Die werden alle Kräfte aufbieten, um uns zu unterwerfen. Es ist nur eine Frage der Zeit. Und dann? Wer von uns will sterben?« Rumit fürchtete den Tod nicht, aber er dachte an seine Familie und die Kleinen. – Lange hatte er so gesessen. Dann stand er auf, nahm die Lampe und verschwand im Schlafzimmer.

Einige Tage nach der Ermordung des Distriktvorstehers von Nuha erschien in Wandula Tando, ein früherer Schulkamerad von Damjan, der im Norden Theologie studierte. Er hatte einen Sechs-Tage-Marsch zurückgelegt, um Weihnachten bei seiner Familie zu verbringen. Auf dem Weg über den Matano-See nach Saroako hatte er vom Fährmann die Hiobsbotschaft erfahren. Bei Einbruch der Dunkelheit betrat er Saroako, die aufgeschreckte kleine Stadt. Überall waren Türen und Fensterläden geschlossen, kein Mensch auf der Straße! Nun aber nichts wie los nach Wandula, dachte er, nötigenfalls die Nacht hindurch.

Doch dann kam ihm ein ehemaliger Lehrer in den Sinn, ein Manadonese vom nördlichsten Zipfel des Landes. Von holländischen Missionaren aus Manado hierher gerufen, hatte er bei der Gründung einer Kirche inmitten von Sulawesi mitgeholfen. Bei ihm müßte er doch schnell hineinschauen. Zudem meldete sich plötzlich ein großer Hunger, und er wäre kaum fähig gewesen, sofort einen Gewaltmarsch zu bestehen.

Ein müde wirkender Gastgeber empfing ihn: »Tando! Hat dich jemand gesehen?«

»I . . . ich weiß nicht. Ich glaube nicht.«

Ein ängstlicher Blick huschte die leere Straße hinauf und hinunter, bevor er eintrat. »Niemand darf dich sehen! Die Schwarzhelme sind hier.«

Tatsächlich war Tando unterwegs auf eine schwarzgekleidete Gruppe gestoßen. Sie hatten ihn unter die Lupe genommen, ihn dann aber laufen lassen, nachdem ihn einer erkannt hatte.

Das saß ihm noch tief in den Knochen. Er kannte keinen dieser Wegelagerer, wie er sie nannte. Während sie aßen, klärte ihn der Lehrer über die jüngste politische Entwicklung im Süden auf. Und beim Abschied warnte er ihn: »Auf der Hauptstraße kommst du nicht durch. Die wird von den Aufständischen überwacht. Manche tragen gestohlene Armeeuniformen. Laß dich nicht täuschen. Nimm den alten Waldpfad bis hinauf zur Wasserscheide, wo der Weg nach Wandula abzweigt. Der Herr behüte dich!«

Der Pfad war so überwachsen, daß Tando zweifelte, ob er im Dunkeln weiterkäme. So verharrte er im Busch, ganz allein, und tat kein Auge zu. Er wäre ein guter Fang, hatte der Lehrer ihm gesagt. Einmal in ihrer Gewalt, würde er als Spion in den Norden zurückgeschickt und seine Angehörigen als Geiseln genommen. Zum ersten Mal in seinem jungen Leben empfand Tando seine hart erworbene Ausbildung als Last. – Doch zwei Tage später war er bei Damjan und Asril.

»Die Ermordung des Distriktvorstehers ist durch einen entsetzlichen Trick gelungen!« erzählte er. Der Vorsteher des Distrikts war von Tabarano nach Saroako gereist. Das für ihn bereitgestellte Fahrzeug hatte Leuten gehört, die es mit den Aufständischen hielten. Am nächsten Tag war es leer nach Tabano zurückgebracht worden. Von dort kamen dann einige und suchten rund um Saroako den Wald ab, bis sie die Leichen des Vorstehers und seiner Begleiter fanden. Drei trugen sie hinaus, machten Holzsärge und wollten sie nach Tabarano zurückbringen, sobald es wieder ruhig war. Doch in jener Nacht waren die Leichen noch immer in Saroako gewesen, wo die Straßen kontrolliert wurden! »Hätte ich den Lehrer, der mir weitergeholfen hat, nicht aufgesucht, ich wäre jetzt gefangen.«

»Die machen keine Gefangenen«, sagte Asril kurz und bündig. »Entweder du gehst mit ihnen, oder du stirbst. Etwas anderes gibt es nicht.«

»Ich bin sehr erleichtert, daß ich wohlbehalten zu Hause bin. Aber kann ich überhaupt wieder zurück? Kann ich meine alten Eltern ihrem Schicksal überlassen?« Tando sah ihn unsicher an. Damjan konnte es ihm nachfühlen. Er war froh, nicht entscheiden zu müssen.

Weihnachten kam. Asrils Familie feierte es in bedrückter Stimmung. Tando war nur widerstrebend in den Norden zurückgekehrt, obwohl ihn seine Eltern ermutigt hatten. In Wandula verstrichen die Wochen unerwartet gleichförmig. Doch aus anderen über den ganzen Nuha-Distrikt verstreuten Siedlungen hörte man immer wieder von Aufständischen, die Nahrung forderten, Leute entführten und sich Scharmützel mit Armeepatrouillen aus Malili lieferten. Die ständige Bedrohung war unbehaglich. Dennoch ging das Leben in Wandula weiter mit Ackern, Palmen fällen, Jagen, der behutsamen Suche nach Rattan und Harz. Die Leute in den Tälern mußten leben, egal, wer in den Wäldern und Bergen lauerte.

Doch unmerklich begann die Abwanderung. Hier war ein Haus plötzlich leer, dort eine Pflanzung ungeerntet verlassen. Überall im Süden begannen ganze Familien im stillen nordwärts aufzubrechen. Mit dem, was sie an Habe tragen konnten, verschwanden sie wortlos im Busch. Sie seien auf Verwandtenbesuch, hieß es dann gewöhnlich. Und in gewissem Sinne stimmte das auch, denn die im Norden lebten, waren Menschen ihres Volksstammes.

Gewohnt, alles zu Fuß zu machen, war der Gang nach Norden für sie nicht schwierig. Marschiert wurde nachts, auf der Route, die am Ufer des Matano-Sees entlangführte. Dann ging es mühsam durch den Dschungel. Der war reich an Sago und anderem Eßbaren. Er böte eine unbegrenzte Versorgung, wenn es hier keine Terroristen gäbe.

Die wachsende Unsicherheit über seine Heirat ließ Asril keine Ruhe. Er mußte mit seinem Vater reden. Und als er ihm helfen sollte, Rattan in Laras Laden zu bringen, packte er die Gelegenheit beim Schopf. So gelassen wie möglich brachte er sein Anliegen vor.

»Für dich habe ich bereits eine passende Frau bestimmt, und *ihre* Familie kennen wir!« antwortete Bapak Asril aufgebracht.

»Auch Martha kommt aus einer guten Familie.«

»Wer ist Martha?«

Jetzt lief Asril rot an.

»Ja, ja, du sagtest schon, der Schulleiter sei ihr Vater. Aber *er* ist keiner von uns und *sie* auch nicht!«

»Aber ihre Mutter!« beharrte Asril.

»Schau doch das Mädchen an, das *wir* gewählt haben«, fuhr Bapak Asril unbeirrt weiter. »Sie ist hübsch, tüchtig und kann für dich und deine Kinder sorgen. Ihre Familie ist bereit, die Verlobungsfeier so schnell wie möglich durchzuführen.« Sagte es und drehte ihm den Rücken zu.

»Ich *will* nicht!« Asrils verwegene Antwort durchschnitt die Luft.

Der Vater schnellte herum. »Du willst, wenn ich es sage!« donnerte er ihn an. »Wie kannst du Mutter und mir solche Schande bereiten wollen?«

»Du besitzt mich nicht«, maulte Asril halsstarrig.

»Du bist mein Sohn!« Bapak Asril glühte, stutzte aber beim Gedanken, der Junge könnte eigenmächtig handeln. Angesichts der sozialen Konsequenzen kam das zwar selten vor, aber der Vater hatte im Sohn einen eigenen Wesenszug erkannt. So schrie er, alle Wut aufbietend: »Und wenn deine Martha ein Kind bekommt, dann will ich so viele Wasserbüffel bezahlen, wie Lehrer Rumit fordert.

Den vollen Preis für die Absage – hörst du?! *Du bekommst sie nicht auf diesem Weg!*« Am ganzen Leib zitternd, erhob er drohend die Faust.

Asril schmiß den Rattan zu Boden und stampfte weg. Auf der Rückseite des Hauses stieß er auf seine Mutter. Sie hatte zugehört und wollte eben schlichtend eingreifen.

»Tut mir leid, Asril. Ich denke anders als Vater. Martha ist ein feines Mädchen. Das allein zählt.« Als Asril ihre Hände auf seinen Schultern spürte, legte sich seine Wut etwas. »Sei geduldig. Du hast offen geredet. Jetzt mußt du warten.« Sie hakte sich bei ihm ein und führte ihn weg vom Kampfplatz.

Asril bewunderte den Mut und das Einfühlungsvermögen seiner Mutter. Dennoch war ihm rätselhaft, wie sie mit seinem Vater und dessen Ichbezogenheit zurechtkam. Scheidung war bei seinem Volk selten. Es kostete zu viele Büffel. Aber bei seiner Mutter wirkte etwas anderes. Sie besaß innere Werte von großer Tiefe sowie einen beständigen Geist. Sie gab nie auf.

Rasch weg von hier, hieß es jetzt für ihn, wenn es nicht zum Kampf kommen sollte. Der ginge zu seinen Gunsten aus. Das wußte Asril, und davor hatte er Angst, würde sein Vater dann doch einen unerträglichen Gesichtsverlust erleiden. Es tobte in ihm, als er loszog, die Straße hinunter.

Eine Brise strich durch die Schößlinge des Bergreises. Die Ernte war nicht mehr allzu fern. Jeden Morgen hatte Damjan in der Pflanzung gearbeitet. Bis zur Hüfte zwischen den Ubi-Stengeln stehend, stützte er sich auf seine Hacke, wischte sich den Schweiß von der Stirn, und sein Blick schweifte forschend ins Tal hinunter. Es lag in der Sonne, wie eine Schale mit Moos, glänzend und frisch. Dort, wo die beiden Flüsse sich vereinigten, häuften sich die wie Zündholzschachteln wirkenden Behausungen. Klein wie

Spielzeug gingen Menschen hin und her. Die Brücke dröhnte unter einer Wagenladung von Sago, das zum Bedachen eines Hauses gebracht wurde.

Damjan betrachtete die friedliche, ländliche Umgebung. Sich der vertrauten Schönheit kaum bewußt, schweiften seine Augen müßig die Hauptstraße entlang und folgten dann dem Weg, der zu Lehrer Rumits Haus führte. Er wunderte sich, wie die Familien dazugekommen waren, zuerst in diesen Häusern zu wohnen, so isoliert und eigentlich zu nahe am Wald und irgendwie ungeschützt. Seine Augen blieben an diesem Punkt haften. Irgend etwas war dort los.

»Asril! Komm! Schnell!« Der packte seinen Parang und jagte hinüber.

»Schau!« Aneinander Halt suchend, starrten beide mit wachsendem Entsetzen auf uniformierte Männer mit schwarzen Helmen, die wie Ameisen aus dem Wald strömten. Blitzartig erfaßte Asril die Lage. »Sie sind gekommen«, flüsterte er.

Entlang dem Weg, auf dem sich dieser Strom der schwarzen Helme zum Dorf bewegte, begannen Flammen aus den Häusern zu lodern. Das wilde Getöse des Gongs ließ Asril hochfahren. Nun stand auch Marthas Haus in Flammen! Er schob seinen Parang in die Scheide und wollte, zum äußersten entschlossen, loslaufen. »Komm! Worauf wartest du noch?« Doch Damjan umklammerte ihn und wies hinunter. Dort unten wurde um die Wette gelaufen. Einige suchten Deckung im Wald, andere verkrochen sich im Sago-Sumpf. »Nein, Asril, bitte!« beschwor er ihn. »Schau doch, du bist zu spät. Wenn du helfen willst, dann bleib hier und warte auf sie!« Asril war bereit, die Angreifer in Stücke zu hauen. Doch Damjan hatte Waffen in der Sonne aufblitzen sehen, die zweifellos wirksamer waren als das beste Buschmesser.

Jetzt hörte man Schüsse. Tiere suchten in wilder Flucht das Weite, darunter Ochsen mit Karren, samt den Fuhrleuten obendrauf, die sie gewähren ließen. Kinder strömten aus der Schule und stoben kreischend auseinander. Fliehende Mütter mit Säuglingen schoben ihre Kleinen vor sich her. Und ganz hinten folgten unbeholfen und stolpernd Alte und Gebrechliche.

Bestürzt beobachteten Asril und Damjan, wie die Aufständischen das verlassene Dorf durchkämmten. Vor allem auf Eßbares waren sie aus. Gemeinsam brachen sie Reisschober auf. Plündernd rafften sie zusammen, was sie zu tragen vermochten. Als die Sonne unterging, verschwanden sie wieder im Wald.

Später, im Schutz der Dunkelheit, kehrten einige wenige der schwer Heimgesuchten zurück, um den Schaden abzuschätzen. Die übrigen zogen es vor, im Freien, im Wald, zu nächtigen.

Rumits Frau war nicht weit gekommen. Sie und ihre Kinder kauerten bis zum Einbruch der Dunkelheit im Dickicht einer überwachsenen Kaffeepflanzung. Dann schlichen sie zum Haus eines Freundes. Fassungslos und erschöpft setzte sich Ibu Rumit dort auf den Boden, ihre verängstigten Kleinen neben sich. Es erleichterte sie, reden zu dürfen.

»Ich war eben mit Kochen fertig, als plötzlich die Schwarzhelme schreiend aus dem Wald stürmten. Es war nicht mehr möglich, mit den Kindern wegzurennen. Sie verlangten meinen Mann. Er war natürlich in der Schule. Ich sagte aber, ich wüßte nicht, wo er sei. Sie nahmen alles mit, was sie an Eßbarem finden konnten. Dann befahlen sie uns hinauszugehen und fragten mich, was mir lieber sei, mein Haus oder mein Leben.« Und schluchzend fuhr sie fort: »Ich schrie um mein Leben, und unser Haus ging in Flammen auf.«

Einige Frauen, die es gewagt hatten, ins Dorf zurückzukehren, standen beisammen. Ibu Rumit durchforschte ihre Gesichter. »Wo ist mein Mann?«

»Er hat sich versteckt«, sagten sie, gegen die Berge weisend. Dorthin war auch Martha während des Angriffs geflohen.

Die Angreifer waren mit ihrer Beute auf so geheimnisvolle Weise verschwunden, wie sie gekommen waren. Doch die bestürzten Dorfleute wußten nun, daß die bisher heimliche Bedrohung zur offenen, allgegenwärtigen Gefahr geworden war.

Während des Angriffs hatten es nur die Laras gewagt, im Dorf zu bleiben. Bei ihnen standen beträchtliche materielle Werte auf dem Spiel. Als fünf bärtige Schwarzhelme in den Laden stiefelten, wurden sie von Ibu Lara empfangen. – »Wo ist der Boß?« Der Anführer schob sein ungepflegtes Gesicht über den Ladentisch und berührte beinahe Ibu Laras Wange.

Sie wich zurück. »Der Boß bin ich«, log sie würdevoll und griff unter dem Ladentisch nach der Kasse, während der Frager ungläubig im Laden umherblickte.

»Salz, Frau! Wir brauchen Salz!«

»Es ist nur noch wenig hier, ich muß ins Lager, entschuldigt mich«, brachte sie zitternd heraus. Wild klopfte ihr Herz, als sie durch den Türvorhang nach hinten schoß. Dort preßte sich ihr Mann, der alles mitgehört hatte, gegen die Trennwand. »Geh!« formten ihre Lippen lautlos, worauf sie im Lager verschwand und sogleich wieder im Laden erschien. »Das ist der restliche Vorrat.« Sie schob den Sack mit den wenigen Salzblöcken dem Aufständischen hin. Der beobachtete sie argwöhnisch, nahm ihr aber dann doch ab, daß sie die Wahrheit gesagt hatte. »Damit kommen wir nicht weit. Wann wird wieder aufgefüllt?«

»Am Dienstag, wenn die Packpferde kommen.«

»Dann warten wir hier, und du fütterst uns«, verfügte er, derb auflachend, als er ihre Bestürzung bemerkte. »Kommt, schauen wir uns hier ein wenig um!« Und gefolgt von seinen Kumpanen, schob er sich an Ibu Lara vorbei in den hinteren Raum, wo ihr Mann gestanden hatte. Sie erstickte fast an einem unterdrückten Schrei. Als aber nichts geschah, weil er bereits fort war, sank sie vor Schwäche nieder und blieb eine Zeitlang auf einem Reissack sitzen.

Ibu Lara wußte, wie dringend Waldbewohner Salz benötigten. Daß es aber vom Lager der Aufständischen vielleicht nur ungefähr einen Tagesmarsch bis hierher sein konnte, um es zu holen, ließ sie erzittern.

Als Quartier beschlagnahmten die ungebetenen Gäste den großen Aufenthaltsraum der Familie im Erdgeschoß. Dort warteten sie auf die Ankunft der Packpferde. Unterhalten wurden sie dabei von Pagi. Anfänglich war er scheu. Um ihn herum verloren die Männer jedoch einiges von ihrer Grimmigkeit. Bald machten sie sich einen Spaß daraus, dem lernbegierigen Jungen ihre Waffen vorzuführen, und es dauerte nicht lange, so konnte er sie selber zerlegen und wieder zusammensetzen. Mit Necken brachten sie ihn dann soweit, einige Zielübungen zu machen. Pagi hatte gute Augen und beeindruckte sie mit seiner natürlichen Begabung.

»Diese Waffen haben wir bei einem Überfall erbeutet«, prahlten sie, »an der Palopo-Straße, dort, wo sie sich zur Paßhöhe hinaufwindet, dem Übergang ins Toraja-Land.« Sie begannen auf dem Küchenboden ihre Taktik mit allerlei Gerät darzustellen. Dann zeigten sie, wie es ihnen gelungen war, zwei mit Mannschaft und Material beladene Armeefahrzeuge in ihre Gewalt zu bringen. »Von der Armee ist keiner entkommen«, versicherte man Pagi, »denn wer nicht für uns war, starb.« Dabei fuhr der Sprecher mit der flachen Hand über seine Kehle. »Wir verschwenden keine Munition an Gefangene.« Spottend und Witze reißend, konnten sie sich über Stunden hinweg die Zeit mit ihren Siegesgeschichten vertreiben. Für Ibu Lara, die zwangsläufig mithören mußte, war das schrecklich, aber Pagi war hingerissen.

Solange die Aufständischen im Haus waren, kam Ibu Lara wenig zum Schlafen. Sie verbrachte die Nächte wie gewohnt auf dem Dachboden über ihrem Laden. Doch der leere Platz neben ihr berührte sie schmerzlich, und der beruhigende Atem ihres Mannes fehlte ihr. Sie versuchte, die drohende Gefahr vor den kleineren Kindern zu verbergen oder zumindest abzuschwächen. Tatsächlich schliefen sie selig an ihrer Seite, so wie es nur Kindern vergönnt ist. Ihre halbwüchsige, attraktive Tochter Ita hatte sich kurz nach ihrem Vater davongemacht, noch bevor sie als Familienmitglied erkannt werden konnte. Pagi hielt sich bei den Aufständischen auf.

Wenn es still war, glaubte Ibu Lara oft, Atemzüge oder irgendeine Bewegung zu hören. Die kleinen Hausechsen flitzten im Dunkeln an der Decke herum, mit ihren Zungen scheinbar spöttisch schnalzend. Ibu Lara hatte am Treppenabgang ein Tischchen als sichere Stolperfalle hingestellt. Und wenn nun ein Eindringling mit Getöse darüberfiele, was nützte ihr das? Das Wissen um ihre völlige Hilflosigkeit lähmte sie. Sie wollte sich zwingen und ihre Phantasiegebilde unterdrücken. So machte sie Licht und stellte die Lampe neben das Bett. Die Geräusche kamen zweifellos von unten, aus dem Laden, wo vielleicht einer Wache hielt. An Schlaf war nicht zu denken. Angespannt würde sie nun liegen, bis es tagte.

Im Laufe des folgenden Tages kamen die Aufständischen zu ihrem Salz. Sie verabschiedeten sich freundlich, nahmen die Lebensmitteln mit, soviel sie nur tragen konnten, und verkündeten der bleichgesichtigen Lara gutgelaunt, sie seien bald wieder da. Lara schloß den Laden und begab sich hinauf, wo sie sich mit einem Seufzer der Erleichterung aufs Bett warf.

Eine erfrischte Ibu Lara rief am andern Morgen nach Pagi. Die Wasserzuber waren leer und kein bißchen Brennholz mehr da. Pagi hatte seine tägliche Pflicht versäumt. Doch zu ihrem Entsetzen waren seine Kleider nicht am gewohnten Ort. Auch sein Parang fehlte. Den Geschwistern war Pagis Abwesenheit nicht aufgefallen. Niemand konnte ihr sagen, wo er war.

Ibu Lara wartete den ganzen Tag. Beim Einbruch der Dunkelheit war Pagi noch immer nicht aufgetaucht. Allmählich stieg ein schrecklicher Verdacht in ihr auf, der sich schließlich zu einem Gefühl der Gewißheit verdichtete. Der Junge mußte mit den Aufständischen gegangen sein. Unsicher war für sie nur, ob aus eigenem Antrieb oder gezwungenermaßen. »O Pagi, wie konntest du nur!« Sie bäumte sich gegen die Bitterkeit dieses Verrats auf. »Wie konntest du uns das nur antun!«

Sie und ihr Mann würden der Dorfgemeinschaft, wo sie geachtete Älteste waren, wohl sagen müssen, daß Pagi zu den Aufständischen übergelaufen sei. Dann würde man ihnen als mögliche Spione ausweichen und sich vor ihnen fürchten. Wahrscheinlich vertraute ihnen dann niemand mehr. Brennendes Schamgefühl überkam sie. Doch dann überwog die Besorgnis um Pagi, und sie schob alle persönlichen Gefühle beiseite. Der Junge war verführt worden, bezaubert durch Waffen, Abenteuer und Kraftprotzerei. Sie schalt sich selber, daß sie das nicht erfaßt hatte. »Pagi, was werden sie aus dir machen dort im Busch? Einen Feind deiner eigenen Landsleute? Haben wir dich dafür großgezogen?«

Scham und Gram drohten sie zu überwältigen. Doch Selbstmitleid konnte sie sich jetzt nicht leisten. Es hingen noch andere Angehörige von ihrer Fürsorge ab. Sie bezwang ihre Gefühle, wischte sich die Tränen aus den Augen und machte sich ans Kochen.

Am folgenden Morgen ging der Laden wieder wie üblich auf. Ibu Lara legte gekochten Reis in einen kleinen Baso, daneben noch rohen Reis, hartgekochte Eier, gekochten Fisch und Salz. Damit schickte sie die Kinder in die Pflanzung. Ria war neun und in der dritten Klasse. Für den elfjährigen Tino war die Schulzeit schon bald vorbei. Als die Aufständischen zum ersten Mal angegriffen hatten, waren sie zusammen mit den anderen Kindern in den Busch gerannt, später aber wieder zurückgeschlichen.

»Stellt alles in der Hütte dorthin, wo keine Ameisen hinkommen, versteht ihr das?« Tino verstand nur zu gut. Er nickte ernst, und Ria folgte seinem Beispiel. »Und dann kommt ihr direkt hierher zurück.«

Für Ibu Lara war klar: Wo immer sich ihr Mann versteckte, nachts würde er die Hütte in der Pflanzung aufsuchen.

Auf der Veranda seines Hauses in Wandula saß Pfarrer Josef Tomi regungslos an seinem Arbeitsplatz, einem alten, schweren, holländischen Pult. Dort studierte und schrieb er, wenn er nicht gerade Ratsuchende empfing. Dort entstanden auch seine Predigten. Er stammte aus diesem Volk und gehörte zu den wenigen, die von den Missionaren für den Dienst am Wort ausgebildet worden waren. Und dann mußte er, sich selbst überlassen, trotz aller Unerfahrenheit für seine Kirche sorgen. Gembala, Hirte, nannten ihn die Leute, und das versuchte er auch mit ganzer Hingabe zu sein.

»Hüte meine Schafe«, hatte er gelesen* und innegehalten. Er wußte von einigen seiner Herde, daß sie den Unwil-

* aus Johannes 21,15–19

len der Geister immer noch mehr fürchteten als Gottes Gebote. Und unter den jüngeren Leuten ging es gar um die Wette, wer über die einflußreichsten okkulten Fähigkeiten verfüge, obwohl sie bereits von einem neuen Leben durch Jesus wußten und sich auch im Gottesdienst zu ihm bekannten. Seine Arbeit stand noch am Anfang. Es gab noch viel zu tun in dieser Kirche, die nicht einmal dreißig Jahre alt war.

»Liebst du mich?« Eine Frage, die an diesem Morgen beharrlich in seinem Innern bohrte. »Ja, Herr, wenn auch nur unvollkommen«, kam es aus seinem bekümmerten Herzen. »Dann hüte meine Schafe.« Genau so hatte der Herr den Apostel Petrus angewiesen. Josef hatte noch nie Schafe gesehen. Sie waren ihm aber während des Studiums samt ihren Eigenarten beschrieben worden. Die Pado-i hielten Schweine. Hüten hieß für sie Füttern. »Bei uns«, dachte Josef ein bißchen ironisch-verschmitzt, »können sich wohl manche unter Nahrung schwerlich etwas anderes vorstellen als Futter. Es gibt hier einige, die nur aus Liebe zum Schweinefleisch deinen Namen anstelle des Islam gewählt haben.«

Und sogleich erinnerte er sich an eine Diskussion mit seinem holländischen Lehrer, der gesagt hatte, Gott sei nichts zu gering, als daß er es nicht für seine Absichten gebrauchen könnte. So sei an gewissen Orten das Schwein zu einer Art Hilfsevangelist geworden. Der Anflug eines Lächelns, das dabei seine Lippen umspielt hatte, empfand Josef in diesem Augenblick als Zurechtweisung. Was sein Volk benötigte, war geistliche Nahrung.

»Machet zu Jüngern . . . Lehret sie . . .«, lautete der Befehl Jesu. »Lehret die Liebhaber des Schweinefleisches, deren Eßlust sie unter das Evangelium gebracht hat.« Die Frage war nur, wie lange noch!

»Herr, mein Gott, du weißt, wie es bei uns aussieht. Was

können wir tun? Was kann ich tun? Wir werden bespitzelt, wir sollen vernichtet werden. Wir sind umzingelt, isoliert, wehrlos – aber wir sind dein Volk!«

Seine drei Kleinen kletterten mit einem jungen Hund die Stufen zur Veranda herauf. Kreischend und unter Gelächter und Gebell vergruben zwei ihre Köpfe in seinem Schoß. Das Dritte klammerte sich an seine Schulter, und das Hündchen beleckte seine Knöchel. Er gab ihm einen sanften Schubs, streichelte die schwarzen Köpfchen, während es in seinem Herzen schrie: »Was soll aus ihnen und ihrer Mutter werden, Herr? Ich bin ein gezeichneter Mann.« Und dann laut: »Nun geht ihr aber, geht spielen. Bapak muß an seiner Predigt arbeiten.«

Es war einige Wochen später, an einem Sonntagmorgen. Die Sonne begann eben den Nebel über Wandula zu durchdringen. Schnell wurde es hell und warm im Tal. Josef war in der Sakristei der Kirche. Die Bänke füllten sich. Das Gemurmel der Leute war leiser als sonst. Manche Männer trugen ihr Buschmesser bei sich. Die jüngsten Ereignisse hatten die Leute erschüttert. Josef betete mit den Ältesten. Dann brachte einer die Bibel herein und legte sie aufs Lesepult. So wollte es der Brauch. Nun nahm der Pfarrer seinen Platz ein, und der Gottesdienst begann. Josef führte eben mit seiner starken Stimme den unbegleiteten Gesang an, als ein Ältester nach vorn ging und ihm einen Zettel hinstreckte. Josef las, ohne ihn in die Hand zu nehmen. Nur drei Wörter waren es: »Wir sind umzingelt!«

Kein Zucken verriet den eisigen Schauer, der ihm ins Innerste fuhr. Zögernd erhob er seine Augen, gerade genug, um seine Gemeinde zu überblicken. Dann wies er die Ältesten an, durch das Schiff zur offenen Tür zu gehen, um von dort einen Blick auf die bewaffneten Männer im Tarnanzug zu werfen. »Schau mal nach, was sie wollen«, befahl er einem Ältesten. Die Gemeinde sang unbeirrt und war noch nicht fertig, als der Älteste bereits wieder zurückkam. »Sie wollen den Pfarrer. Wenn sie ihn haben, können die anderen gehen.« Zwei Blicke begegneten sich.

Josef wandte sich an die Gemeinde »Laßt uns beten.« Seine merkwürdig gelöste Stimme leitete sie in die Anbetung und Hingabe. Gefaßt sprach er dann über die Bedrohung und wies sie an, die Kirche wie gewohnt zu verlassen. Männer hielten ihre Frauen fest, Eltern trieben die Kinder an. Josef sah seine Frau mit den drei Kleinen, die Älteste ging voraus. Lautlos, wie in Trance, gingen alle in kleinen Gruppen.

Als die Kirche leer war, sank Josef auf die Knie, preßte seine zitternden Hände zusammen und legte seinen schweißüberströmten Kopf auf die offene Bibel. »Nur keine Enthauptung im Wald! Nur das nicht! Wenn ich schon sterben muß, dann laß es hier geschehen, wo ich dich und dein Wort verkündigt habe.«

Er wartete, und es schien ihm eine Ewigkeit. Die Stille lastete schwer auf ihm. Doch ein eigenartiger Friede und die Gewißheit, daß er einen Kampf gewonnen hatte, überkam ihn. Er beruhigte sich ein wenig.

Endlich wagte er nach draußen zu blicken. Die Straße war leer. Die Schatten der Bäume begannen bereits nach Osten zu wandern. Es war nach Mittag. Draußen sah er den Feind zwanglos in Gruppen herumsitzen, immer noch das Gebäude belagernd. Aber warum holten sie ihn dann nicht? Josef hatte keine Ahnung. Er wußte nur eines: Sterben wollte er hier in der Kirche.

Jetzt saß er am Boden, am Fuß des Lesepultes. Er las abwechselnd in der Bibel, betete oder träumte vor sich hin. Die Zeit wurde ihm unsäglich lang. Josef durchlebte sein kurzes Leben einige Male. Um seine Frau war er nicht besorgt. Sie könnte wieder zu ihren Angehörigen gehen und wäre dort gut aufgehoben. Sie war noch jung und würde einen anderen Mann finden. Doch die Kinder – wer mochte sie nicht aufwachsen und reifen sehen? Sie würden ohne ihn auskommen müssen. Es bedrückte ihn, daß sie noch so klein waren.

Seine Kehle war ausgetrocknet, sein Becher seit Stunden leer. Hungrig war er auch. In der Dämmerung nickte er ein, seelisch erschöpft. Plötzlich schoß er auf. Ein Laut hatte ihn hellwach gerüttelt. Nun kamen sie. »Bapak gembala!« flüsterte es drängend. »Pfarrer!« Dicht neben ihm erkannte er im Düstern einen Ältesten, es war sein Freund. »Pfarrer, sie sind weg!« Gemeinsam schlichen sie in der Dunkelheit nach Hause, wo Josef und seine Frau sich stumm in die Arme fielen.

»Gott sei Dank, du hast die Kirche nicht verlassen«, sagte sein Freund. »Diese Leute müssen ungeheuer abergläubisch sein. Nie würden sie den Pfarrer töten, solange er in der Kirche ist.« Noch in derselben Nacht wurde Josef von seiner Frau mit dem Nötigsten ausgerüstet und in den Busch geschickt.

Während des ersten Angriffs auf Wandula war Rumit mit seinen Schülern in die Hütte seiner Pflanzung am Wald geflohen. Aber sobald er es wagen konnte, war er zu seiner obdachlosen Familie ins Dorf zurückgekehrt. Als er genügend Baumaterial beisammen hatte, schlachtete er ein Schwein. Dann suchte er nach Freiwilligen, die ohne weiteres kamen, Männer mit ihren Parangs sowie Frauen mit Kochtöpfen samt Reis. Innerhalb weniger Tage entstand über der Asche Rumits neues Haus. Es war weniger solide als das alte, aber für den Notfall genügte es, und die dankbare Lehrerfamilie bezog es sogleich.

Woche um Woche ging vorüber. Die Aufständischen plünderten das Dorf nach wie vor. Ihr Verlangen nach Nahrung erwies sich als unstillbar. Wandulas Bevölkerung begann, ihre sauer gewonnenen Vorräte im Busch zu verstecken. Im Dorf standen die Reisschober leer. Die Hühner und was sonst noch etwa herausverlangt werden konnte, schmuggelten sie in ihre hochgelegenen Äcker. Viele fühlten sich oben ohnehin sicherer als im Dorf und blieben die meiste Zeit dort.

Rumit wußte, daß er in Gefahr war. Er kämpfte mit sich, was wohl besser sei: zu verschwinden, solange es noch Zeit dafür war, und dabei seine Familie dem gewaltigen Risiko einer Flucht über Land auszusetzen, oder zu bleiben und sich den Aufständischen zu unterwerfen. Gehen oder bleiben, so oder anders lief man Gefahr, alles zu verlieren. Einstweilen fühlte er sich dafür verantwortlich, mitzuhelfen, daß die Gemeinde irgendwie beisammen blieb.

Der Pfarrer wartete in seinem Versteck auf eine Gelegenheit, seine Familie in Sicherheit zu bringen. Die Kirche war geschlossen. Wenn die Leute sich zu einem Gottesdienst treffen wollten, dann geschah das ganz unauffällig in einem der Häuser oder irgendwo im Geheimen.

Das Haus des Dorfältesten war leer. Seine Ernte in der Pflanzung wurde von jenen geplündert, die zuerst dort waren. Die Familie war weg, »um Verwandte zu besuchen«.

Bapak Lara hielt sich im und außerhalb des Busches auf, während seine Frau den Laden führte. Der Zug mit den Packpferden von Malili blieb aus. So kamen weder Nachschub noch Neuigkeiten ins Tal. Ibu Laras Vorrat an »importierten Luxuswaren« schwand dahin. Andererseits gab es keine Möglichkeit, das im Erdgeschoß lagernde Weihrauch-Harz zu verkaufen.

Die Jungen klammerten sich an ihre immer kleiner werdende Gemeinschaft. Die meisten waren tief betroffen von Pagis Untreue. »Der sehnt sich nur nach einer Waffe«, lautete der allgemeine Kommentar. Doch Pagi war nicht der einzige. Wie er verschwanden in jedem Dorf des Südlands heimlich junge Leute im Busch, überzeugt davon, sich auf die Seite der Gewinner zu schlagen.

Führungslos und isoliert, wie sie waren, nahm die Treue der Dorfbewohner schnell ab. Eine zunehmende Vorsicht begann nach und nach den Gemeinschaftsgeist zu untergraben. Nachbarn verdächtigten sich gegenseitig. Wer war Freund, wer Feind? Keiner wollte darüber sprechen.

Gerüchte von weither sickerten bis nach Wandula durch, wonach von der Regierung nichts zu erwarten sei. Spähtrupps der Armee wagten sich nicht mehr ins Landesinnere. Aus allen Ecken kamen die gleichen Nachrichten, eine fortwährende Beunruhigung. Die Aufständischen kreisten sie ein.

Es war im August 1953. Vor dem Unabhängigkeitstag* hatten feindliche Kundschafter allen Siedlungen eine Mitteilung ihres Kommandanten überbracht, wonach die Dorfältesten, Muslime und Christen, eingeladen wurden, sich in Kawata, dem Sitz der Regierungsverwaltung für den Nuha-Distrikt, zu versammeln. Die Dorfältesten nahmen an, dort sollten die weiteren Ziele der Aufständischen besprochen werden. Wer sich nicht versteckt hatte, fühlte sich verpflichtet zu gehen, so auch Rumit mit einer Gruppe von Freunden. Sie wollten Augenzeugen des historischen Vorgangs sein, der weiteres Unglück verhindern würde.

Die Sonne stand schon hoch, als sie sich auf dem Paradeplatz vor dem Regierungsgebäude in Kawata versammelten. Sie hatten nicht lange zu warten. Die Wachen nahmen Haltung an. Poliertes Metall an einer Galauniform glänzte auf, und sie erblickten die legendäre Person, die wie ein Magnet die Unzufriedenen anzog und deren Name

* Der Unabhängigkeitstag am 17. August ist der wichtigste Nationalfeiertag in Indonesien.

Schrecken einflößte. Ein Raunen fuhr durch die Menge: »Muzakkar!«

Das Ganze erwies sich als die kürzeste Zeremonie, der sie je beigewohnt hatten. Zu besprechen gab es nichts. Zuhören sollten sie. Dazu waren sie herbefohlen. Den Leuten wurde gesagt, was sie tun sollten. Kirchen gehörten nicht zur neuen Republik, die würden geschlossen werden. Wer sich dem nicht füge, werde bestraft.

Wie vom Donner gerührt standen die Leute da, unfähig zuzustimmen oder abzulehnen. Sie hatten hier nichts zu sagen, und auf Mitsprache durften sie schon gar nicht pochen, waren doch die Truppen der Aufständischen überall gegenwärtig. Die rot-weiße Flagge der Republik Indonesien war heruntergeholt worden. Ungläubig und wie gelähmt sahen sie zu, wie die grüne Flagge mit dem silbernen Halbmond und drei Sternen am Mast hochging und über ihnen zu wehen begann.

Darunter stand der von seiner Mission erfüllte Redner. Mit steinernem Gesicht und fanatischem Blick salutierte er: Muzakkar, der Kriegsheld, der mitgeholfen hatte, den siegreichen Abschluß der jahrelangen Kämpfe gegen die niederländische Kolonialarmee herbeizuführen. Er, der später aus einer Konferenz der führenden Leute seines Landes voller Ärger weggelaufen war, enttäuscht von der Politik der neuen Republik. Muzakkar, der ausgezeichnete, harsche Kommandant der Aufständischen, der nun den Kampf mit geballter Kraft führte, so daß ein Gebiet um das andere unter seine Gewalt kam.

Unbarmherzig brannte die Mittagssonne auf Rumits ungeschütztes Haupt. Sie waren entlassen. Es gab nichts anderes, als nach Hause zu gehen und zu warten. Kleine Salzspuren auf seinen Wangen verrieten ein paar unbewußte Tränen.

Niemandsland

»Meine Schweine schlachten? *Alle* meine Schweine schlachten?« Bapak Asril war außer sich. In angstvoller Verzweiflung schlug er die Hand an seine Stirn und krümmte sich in seinem Stuhl draußen auf der Veranda. »Wahnsinn!« stöhnte er. »Wie könnte ich das?«

Hilflos dreinblickend, umgab ihn seine Familie. Doch dann stand er auf und schob sie auf die Seite. Brummend und fluchend griff er nach seinem Parang und stapfte blindlings die Straße hinunter, dem Busch zu, angeblich um Brennholz zu holen. Den ganzen Tag über blieb er weg. Während dieser Zeit schlachteten seine Söhne das Mutterschwein samt den Ferkeln.

Die Aufständischen gewährten sieben Tage, um die von ihnen verabscheuten Tiere zu töten und zu essen oder anderweitig zu beseitigen. Wie unter Schock gehorchten die Leute. Als wäre hier ein endloses Fest, gab es überall während dieser Woche zu jeder Mahlzeit Schweinefleisch, bis es ihnen zum Hals heraushing.

Mama Asril hackte und hackte. Das Handgelenk begann ihr zu schmerzen. Sie kochte und füllte Gefäß um Gefäß. Sie räucherte und trocknete immerzu Schweinefleisch. Und mit allem sandte sie Damjan in die Pflanzung hinauf. Aber dort fehlte es noch immer nicht an Fleisch. Auch den Nachbarn konnten sie keines geben. Sogar die Hunde beschnüffelten es nur und gingen weiter. Mama Asril wollte Behälter mit gesalzenem Schweinefett vergraben und stieß dabei auf bereits versteckte Fettvorräte.

An einen Aufschub war nicht zu denken, und so verscharrte der jammernde Bapak Asril am letzten Tag alles Übriggebliebene. Dann ging er zu seinem Meisterwerk von einem Schweinestall, erhob seinen Parang und schlug alles kurz und klein. Seine Raserei schuf eine Stimmung rund um das Haus, die noch trauriger war als ein Begräbnis. Doch so ähnlich war ihm zumute. Er trauerte um seine geliebten Tiere und den ausgeträumten Traum eines Festessens an Asrils Hochzeit.

Damjan und Asril wußten nicht, wie sie jetzt mit ihrem Vater umgehen sollten. Sie zogen den jähzornigen Patriarchen, der er gewesen war, dem plötzlich so kläglichen und zusammengefallenen alten Mann bei weitem vor. Mit der Mutter zusammen unterstützten sie ihn zwar, wo sie konnten. Dennoch saß er einfach da, Tag für Tag, fassungslos und hoffnungslos trübsinnig.

Während Damjan das letzte Schweinefett versteckte, stand ihm plötzlich die ganze Ironie dieser seltsamen Tragödie vor Augen. Wollte nicht Bapak Asril andere beeindrucken? Ging es nicht um die schwarze Sau, die zum größten Fest in der Geschichte des Dorfes hätte beitragen sollen? Und wollte er damit nicht jedes Hochzeitsfest übertreffen? In Damjan stieg eine heimliche Heiterkeit hoch, die er nicht für sich behalten konnte. Hinter dem Haus, im Schutz von Kaffeesträuchern, erzählte er Asril davon, worauf sich beide vor Lachen bogen. Das wirkte erleichternd. Aber freuen konnten sie sich nicht. Sie waren Gefangene in ihrem eigenen Dorf und standen unter einer Willkürherrschaft, die an Grausamkeit alles Bisherige übertraf.

Mama Asrils innere Stimme warnte sie vor dem, was noch zu erwarten war. Wenn die Aufständischen Schweine anstößig fanden, dann würden sie an der Heiligen Schrift erst recht Anstoß nehmen. Bibeln gab es wenige. Eine Gemeinde war ungewöhnlich gut versorgt, wenn jeder Älteste ein Neues Testament besaß. Zu diesen gehörte Mama Asril nicht. Aber sie hatte bei ihrer Taufe eines erhalten, weil sie gut genug lesen konnte. Dieses einzige Buch im Haus hatte über die vielen Jahre hinweg immer einen Ehrenplatz eingenommen. Während des Zwischenfalls mit den Schweinen hatte sie den Eindruck, nun müsse es verschwinden. So wickelte sie es in ein wasserdichtes Palmenblatt, verschnürte das Ganze und suchte nach einem Versteck. Das Dach wäre wohl ein trockener Ort, aber kein Schutz, falls das Haus angezündet würde. Doch der Erdboden unterhalb der Küche war stets trocken und dazu noch feuersicher. So nahm sie den Küchenparang, grub dort unten ein Loch, legte das Neue Testament samt den ebenfalls gut verpackten Taufurkunden* der beiden Söhne dazu und verschloß alles mit einem großen, flachen Stein, den Bapak Asril jeweils als Sitz beim Rattan-Spalten benützt hatte.

Nicht alle waren so weitsichtig wie Mama Asril. Die Rebellen kamen und suchten nach Neuen Testamenten und christlichen Büchern. Als sie sie verbrannten, glich das einem weiteren Begräbnis. Damjan und Asril sahen ihre Mutter mit Tränen in den Augen. Das war seit dem Tod der beiden kleinen Schwestern, damals während der japanischen Besetzung, nicht mehr vorgekommen. Es waren sowohl Tränen der Empörung als auch des Mitgefühls für ihre Freunde und deren unersetzlichen Verlust.

Unter der Herrschaft der Rebellen gab es nur zwei Möglichkeiten: Entweder blieben die Leute in ihrem Dorf, wo man sie nach dem Islam belehrte, oder sie wurden gewaltsam in Lager im Busch gebracht. Dort waren sie dann einer unerbittlichen Beeinflussung ausgesetzt. Wenn das nichts nützte, gab es nur noch den Prozeß und die Hinrichtung. Wer nicht bereit war, sich zu unterwerfen, mußte fliehen.

* Die Taufbescheinigung ist in Indonesien eine Urkunde von öffentlichrechtlicher Bedeutung, weil *alle* sich zu einer Religion bekennen müssen. So bezeichnen sich viele als Muslim, sind aber genaugenommen immer noch Anhänger einer Naturreligion. Synkretistische Züge gibt es aber auch bei den übrigen Religionen.

Lehrer Rumit unterwarf sich um seiner Familie willen. Aber sein innerer Kampf wurde immer größer, als er mitansehen mußte, wie die führungslose und sich auflösende Gemeinde von Wandula der Taktik von Muzakkars Männern zum Opfer fiel.

Damjan, seine Eltern und die übrigen Dorfbewohner ergaben sich, weil sie leben wollten. Sie schickten sich teilnahmslos in das Unvermeidliche, ließen die Belehrung einfach über sich ergehen und bekannten sich mit den Lippen zum Islam. Der Feind war wachsam, mißtrauisch und immer darauf aus, irgendeinen Grund für eine Anschuldigung zu finden. Äußerlich angepaßt, innerlich aber in einer trostlosen Verfassung, lebten die Leute in steter Angst, etwas von ihrer geheimen Treue stehe ihnen ins Gesicht geschrieben, man könnte sie entdecken und mit ihnen kurzen Prozeß machen.

Dieses Doppelleben hielten nicht alle aus. Die ständige Anspannung, immerzu bespitzelt zu werden, begann sie seelisch zu zermürben. Niedergedrückt bis zum äußersten, rannte eine benachbarte Familie völlig kopflos in den Wald, nichts anderes bei sich, als was sie auf dem Leib trug. Mama Asril konnte den Menschen nur noch hilflos nachblicken. »Die werden vermutlich nicht lange von dem leben können, was sie finden, und dann vor Hunger oder Erschöpfung umkommen. Oder sie fallen den Aufständischen in die Hände und werden umgebracht«, dachte sie. Die Familie kam nicht mehr zurück. Mama Asril ertappte sich dabei, wie sie anfing, das Verhalten ihrer Nachbarn zu beobachten und zu rätseln, wer wohl als nächster die Nerven verlieren werde.

Asril war nicht bereit, sich zu unterwerfen. Er lebte versteckt im Busch und auch außerhalb. Als ganz gewöhnlicher, unbekannter Dorfbewohner vertraute er darauf, daß er niemand auffallen würde, und wagte vereinzelte Besuche bei Martha.

Die Jugendgruppe hatte sich längst aufgelöst. Immer noch verschwanden von Zeit zu Zeit Jugendliche im Busch. Sie stießen zu den Aufständischen, die sie als Gewinner sahen und von denen sie sich mehr erhofften als von einer selbstmörderischen Opposition.

Eines Abends war Asril unterwegs zu Martha und kämpfte mit einem Wirrwarr von Gedanken. Es war noch nicht ganz dunkel, als er an der Kirche vorbeikam. Die Tür war mit Holz versperrt, ein Teil der Rückseite abgebrochen und zu Brennholz geworden. Das Dach fehlte, es deckte jetzt den Wachtposten der Aufständischen. Kahl stand die Kirche da, nur noch ein Skelett. Ihre Geschichte war zu Ende. Asril hastete weiter, fort von dieser unwirtlichen Stätte, die an etwas erinnerte, das gewaltsam aus seinem Leben verbannt worden war.

Für ihn, der die Gegend auswendig kannte, war es leicht, dem Wachtposten am Dorfende auszuweichen und später wieder auf den Weg zu gelangen, der zu den Pfahlbauten führte. Am Ziel angelangt, traf er Rumit mit einem ihm unbekannten Gast an, der heimlich aus einem anderen Dorf gekommen sein mußte. Schweigend saßen sie da. Im flackernden Licht einer Kerze sah er ein dunkles Gesicht sowie Rumits helleres. Druck und Anspannung lasteten auf beiden Männern. Das verrieten die Augen des Lehrers und sein verkniffener Mund.

Martha flüsterte Asril die niederschmetternde Kunde zu. Im benachbarten Saroako waren der Lehrer und ein Kollege auf Befehl von den Aufständischen hingerichtet worden. Angeblich wegen Subversion. Worin diese Umsturzpläne bestanden haben sollten, wurde nicht gesagt. Frau und Tochter des Lehrers wurden in den Busch verschleppt. Seine größeren Kinder waren auswärts in der Sekundarschule und konnten nicht benachrichtigt werden. Rumits Gast hatte gesehen, wie die beiden Männer ihr gemeinsames Grab schaufelten. Als sie fertig waren, mußten sie niederknien. Ein wohlgezielter Schlag mit einem schweren Parang ins Genick genügte.

Alle schwiegen. Jedes weitere Wort wäre unerträglich gewesen. Schwer lastete die Stille auf ihnen.

Asril dachte an Tando. Der Lehrer von Saroako war es gewesen, der Tando während der Ferien geholfen hatte, den Aufständischen auszuweichen, um sicher nach Hause zu gelangen, und der ihm wahrscheinlich auch auf dem Rückweg beigestanden hatte. Nun war der Weg ins Südland ohnehin geschlossen, auch für Tando.

Die bedrückende Stille hielt an. Ein schlafendes Kind schrie im Traum auf. Sie blieben sitzen. Jeder klammerte sich an die Gegenwart des andern. So waren alle irgendwie getröstet. Sie spürten ein unausgesprochenes Band, das ihre bangen Seelen zusammenhielt. Schließlich gab Rumit seiner Tochter ein Zeichen. Sie verstand, ging hinaus und kam mit der Bibel zurück. Auf Rumits weiteren Wink hin scharten sich der Gast, Rumits Frau, Martha, Asril und die größeren Kinder um ihn. Rumit öffnete das Buch und begann scheinbar auswendig, im flackernden Zwielicht ruhig zu lesen. Schließlich dankte er Gott für die Freunde, die umgekommen waren, und befahl die Hinterbliebenen seinem Schutz an.

Bei einigen rannen Tränen. Asril hob den Kopf und sah über die gebeugten Häupter hinweg der aufrecht sitzenden Martha ins Gesicht. Sie weinte nicht und heftete ihren Blick auf etwas hinter ihm, als ob sie sagen wollte: Schau doch – dort! Aber dort war nichts als Dunkelheit. Ihre Lippen bewegten sich leicht, stumm Worte formend. Asril kam sich wie ein Eindringling vor. Verlegen senkte er wieder den Kopf. Was Rumit gelesen hatte, wußte er nicht mehr. Aus unerklärlichen Gründen flogen seine Gedanken zum Skelett der ausgelöschten Kirche. Heute abend war etwas von dem, das er als tot und erledigt betrachtet hatte, lebendig, geheimnisvoll und unbeschreiblich, hier in Marthas Haus.

Eine solche Zusammenkunft konnte leicht verraten werden, das war Rumit klar. Es gab Leute im Dorf, die Vergeltungsmaßnahmen gegenüber der ganzen Siedlung befürchteten, sollten solche Versammlungen fortgesetzt und bekannt werden. Andere, die keine eigenen Überzeugungen hatten, wollten sich mit den Aufständischen arrangieren, und wieder andere, die ohnehin nicht schweigen könnten, würden sie verraten, sobald sie zuviel wußten. Doch Rumit war gewiß: Dank einer solchen verborgenen Gemeinschaft würde die Kirche überleben, selbst wenn die Entdeckung den Tod einzelner bedeuten konnte.

Ibu Lara war im hinteren Teil des Ladens, wo sie die dürftigen Reste des einstmals gutgefüllten Lagers ordnete: Kleider, etwas Seife und das für den Eigengebrauch versteckte Salz, das ebenfalls zur Neige ging. »Mama! Mama! Wir haben Pagi gesehen.« Ibu Laras Herz begann heftig zu klopfen, als ihre zwei Jüngsten in den Laden rannten und ihr diese Nachricht zuschrien. Ihre Hände zitterten vor Erregung. »Nicht so laut, bitte!« mahnte Ibu Lara ängstlich. Niemand sprach mehr einfach drauflos. Jedes noch so gut gemeinte Gespräch konnte falsch verstanden werden, wenn jemand nicht wußte, wem er vertrauen konnte. »Seid ihr sicher, daß es Pagi war?« fragte sie nunmehr beherrscht, ihren inneren Aufruhr verbergend. »Wo habt ihr ihn gesehen?«

»Auf dem Wachtposten, bei Mukazzars Soldaten, die gerade gekommen sind.« Und dann kichernd: »Mama, er hat jetzt einen Bart. Aber es sind nur wenige Haare.«

»Unsinn, das war nur jemand, der ihm ähnlich sieht.«

Ein klein wenig hatte sie immer noch auf seine Rückkehr gehofft. Vielleicht käme er doch eines Tages ernüchtert und reumütig zurück. Allein der Gedanke an eine Begegnung mit ihm oder die Vorstellung, er könnte mit seinen jüngeren Geschwistern sprechen, ließ sie erschauern. Eine noch kaum verheilte Wunde war wieder aufgerissen. Wie konnte er es nur wagen, so schamlos zu sein und sein Gesicht hier im Dorf zu zeigen! Ihr innerer Aufruhr mündete in heiße Tränen. Ratlos, mit fragenden Gesichtern, standen die Kleinen vor ihr. Sie riß sich zusammen und ermahnte die beiden streng: »Von jetzt an habt ihr bei den Soldaten nichts mehr zu suchen! So, und nun geht hinauf in unsere Pflanzung am Weg zu den Höhlen. Dort holt ihr junge Ubi-Blätter und legt sie wie immer in die Hütte. Habt ihr verstanden?« Beide nickten ernst.

Ibu Lara fand ihre Fügsamkeit erstaunlich, und ihr Gesicht entspannte sich. Wie tapfer sie doch waren. Verstohlen wischte sie sich die Augen und packte ihnen etwas Reis für unterwegs ein. Durch die Hintertür verließen die Kleinen das Haus. Sie schaute ihnen noch lange nach. Die Aufständischen waren auf der anderen Seite des Dorfes. Nun waren die Kinder für den Rest des Tages weg, selbst wenn sie, wie meistens, einen großen Teil der Strecken rannten. Ein Seufzer grimmiger Genugtuung erleichterte sie.

Niemand sprach von Verwandten, die sich versteckt hatten. Ibu Laras Sehnen nach einer Nachricht von ihrem Mann war groß. Sie hatte keine Ahnung, wo er war. Immerhin etwas wußte sie: Das in der Hütte versteckte Essen wurde regelmäßig abgeholt. Nur einmal war er seit der Islamisierung aufgetaucht, aber sie hatte ihn wieder fortgeschickt. Sie fand es zu gefährlich, wenn er hier blieb.

Auch der Pfarrer war ständig auf der Flucht seit jenem schrecklichen Sonntag, als der Feind die Kirche umstellt hatte. Die Rückkehr wäre sein sicherer Tod, denn er würde sich niemals unterwerfen. Josef Tomi hatte Frau und Kinder bei sich. Ibu Lara hoffte, daß sie den Aufständischen entkommen konnten. Wie viele andere Familien hatten wohl dieses tödliche Katz-und-Maus-Spiel im Busch auf sich genommen? Wie würde das alles enden?

Ihre Gedanken richteten sich auf die Eindringlinge am andern Ende des Dorfes. »Warum wohl sind sie heute gekommen, und was wollen sie hier?« Sie hatte sowohl Angst um sich selbst als auch um all die anderen Mütter. Die Jugend wurde von den Aufständischen zur Zusammenarbeit gezwungen: Die Jungen mußten als Spione und ortskundige Führer dienen, und die Mädchen als ...

Doch das mochte sie nicht weiterdenken. Sie wandte sich wieder ihrem Lager zu, wollte ihren Gedanken eine andere Richtung geben. Aber weit kam sie nicht. Eine Frau platzte völlig außer sich herein. »Ibu Lara! Die Schwarzhelme haben Mädchen mitgenommen. Nio und ...« Atemlos zählte sie die anderen auf. »Zum Glück ist meine Tochter oben in der Pflanzung.«

Ibu Lara stand auf. Ita, ihre halbwüchsige Tochter, war ebenfalls oben auf dem Berg. Die beiden Frauen sahen sich einen Moment lang an.

Von den genannten Mädchen kannte Ibu Lara Nio am besten. Sie und ihr Bruder lebten mit ihrem kränklichen, verwitweten Vater zusammen. So war Nio oft unten, während ihre Altersgenossinnen hoch oben in den Pflanzungen arbeiteten. Jetzt waren die Mädchen auf den Wachtposten gerufen worden. Sie hatten sich dort eingefunden und die wahre Absicht der Aufständischen erst erkannt, als es zu spät war.

Die beiden Frauen begaben sich miteinander in Richtung Wachtposten, blieben aber auf Distanz. Ibu Lara zog den Sarong über den Kopf, damit sie von Pagi nicht erkannt werden konnte, falls er tatsächlich dort war. Die Mädchen sahen sie nicht, wohl aber Nios Vater, der die

Straße hinunterstolperte, weinend und flehend. Dabei gelang es ihm, sich an einen der wegmarschierenden Aufständischen zu klammern. Der jedoch schlug ihn mit dem Gewehrkolben zur Seite. Nios Vater taumelte, stürzte kopfüber und blieb laut stöhnend regungslos im Staub liegen. »Hör auf mit deinem Gestöhn, Alter«, fuhr ihn der Schläger an, »deine Tochter wird für uns kochen. Du brauchst dich nicht zu sorgen. Wir haben ein Gesetz im Dschungel: Auf Vergewaltigung steht die Todesstrafe.«

Nach der Entführung der Mädchen waren die Aufständischen oft im Dorf. Asril zeigte sich selten, aber wenn er einmal auftauchte, wurde er nie das Gefühl los, er werde beobachtet. Vor allem bei der Beerdigung von Nios Vater fiel es ihm auf. Der Arme war nach einigen Tagen gestorben. Er hatte den Schock der Entführung seiner Tochter nicht überlebt.

Am offenen Sarg gab es keine tröstliche Totenwache mehr, wie es der Brauch gewesen war. Der Leichnam war lediglich in seinen Sarong gewickelt. Noch am Todestag mußte er vor Sonnenuntergang der Erde übergeben werden. Als die Trauernden weggingen, ließen sie einen kahlen Grabhügel zurück. Sie hätten gern ein Kreuz gesetzt, und wenn es nur aus Bambus gewesen wäre. Aber niemand wollte Gefahr laufen, neben dem alten Mann begraben zu werden. Stumm und ausdruckslos schleppten sich alle davon.

Von nun an ging Asril nicht mehr in das Haus des Lehrers. Ihm war klar geworden, daß es ihn als nächsten treffen könnte. So richtete er sich in der hochgelegenen Pflanzung ein. Ins Dorf ging er nur noch selten, und das nur im Schutz der Dunkelheit. Seine Familie erzählte niemandem davon. So war es am besten. Seit der letzten Ernte hatten seine Eltern näher beim Dorf für eine neue Pflanzung gerodet; jene in der Höhe lag jetzt größtenteils brach. Auch die Hütte war baufällig geworden. Aber Asril fand das nützlich. Tagsüber versteckte er sich im Busch, nachts schlief er in der Hütte und aß sich durch die Reste der Pflanzung. Den Ubi ergänzte er mit dem, was er sonst noch an genießbaren Blättern finden oder mit der Schlinge fangen konnte. Eines Nachts wuchtete sich ein junges Wildschwein in den Zaun, der die Ubi-Schößlinge schützen sollte. Der Bambus zersplitterte, und das Tier blieb aufgespießt hängen. Das getrocknete und geräucherte Fleisch hielt lange vor.

Auch Rumit fühlte sich nicht mehr sicher. Er leerte seinen Reisschober und begann im stillen, seine Familie bergwärts zu verlegen. Die Hütte in ihrer Pflanzung bot ihnen besseren Schutz vor einem überraschenden Besuch der Aufständischen.

Es war an einem Abend, einige Wochen später. Schwarze Bäume hoben sich gegen das Lavendelgrau der Berge ab. Der Himmel rötete sich im Abendglühen der Sonne. Das Dorf lag bereits im Dunkeln. Die Küchenfeuer schimmerten durch die Ritzen der Wände.

Asril war auf einem seiner seltenen Besuche zu Hause. Sie saßen auf Matten um einen niedrigen Tisch herum. Alle waren eben damit beschäftigt, sich aus der gemeinsamen Schüssel Häppchen zu fischen, als ein Schrei die Stille zerriß. Asril war als erster auf den Füßen. »Sie kommen deinetwegen«, zischte Damjan mit einem Blick voller Angst und Haß.

Blitzartig schossen alle auf und davon. Auch alle Nachbarn riefen einander zu und verschwanden. Bald wurde ihr Blick auf eine Rauchsäule am unteren Hang des Berges gelenkt. Alle Pfahlbauten standen in Flammen, nicht nur Rumits. Die Aufständischen suchten nach dem Lehrer. Zu seiner großen Erleichterung wußte Asril ihn und seine Familie oben auf dem Berg. So hatten sie wenigstens einen Vorsprung vor ihren Verfolgern. Sie würden sich verstecken und durch den Busch zu fliehen versuchen, sobald der richtige Moment da war. Martha würde ebenfalls gehen. Asril konnte von ihr nicht erwarten, daß sie hier blieb. Sie hatte immer gesagt, wenn eine solche Zeit kommen sollte, müßte sie mit ihren Eltern ziehen, um den Kindern zu helfen und dafür zu sorgen, daß sie nicht schrien. Bei einer Flucht war eine festgefügte, bewegliche Gruppe von höchstens zwei Familien von Vorteil.

Hilflos schauten Bapak Asril und die Seinen in das glühende Gerippe der Brandruine. Asril fröstelte. Er fühlte sich schlapp und elend. Seine Stirn war schweißbedeckt. Ratlos stand er da, innerlich hin- und hergerissen zwischen seiner Familie und Martha, mit der er noch nicht öffentlich verbunden war. Die dunkle Zukunft und das im Augenblick Dringliche kämpften miteinander. Doch dann kam der Selbsterhaltungstrieb dazu, der mächtigste aller Instinkte, und gewann die Oberhand. Er mußte wie die andern fliehen!

Es war bereits dunkel, als er zur Pflanzung hinaufstieg. Oberhalb des Wasserfalls durchquerte er die Lichtung, watete durch den tosenden Fluß, brachte den steilen Hang hinter sich und folgte dann dem Weg entlang der benachbarten Pflanzungen. Schließlich löste sich sein Schatten aus dem Busch. Er stand vor seiner Hütte. Stille herrschte. Über ihm wölbte sich der sternenübersäte Himmel. Dann stieg er die Leiter hoch. Als er bei der Türöffnung anlangte, fuhr er zusammen. Da war jemand! Blitzartig zog er den Parang und zischte: »Wer bist du?«

»Asril! Ich wußte, du würdest kommen.«

»Martha!« Im schwachen Licht des Sternenhimmels konnte er sie unter der Türöffnung erkennen. Eine kurze Weile fiel kein Wort.

»Laß das unsere Hochzeitsnacht sein, Asril.« – Schweigen. – »Asril, wir lieben einander.« Ängstlich, fast flehentlich kam es von Marthas Lippen.

Er wagte nicht, sie zu berühren. Vor seinem Inneren stand die ganze Familie, deren Vertrauen er genoß. Seine Gedanken jagten sich: »Sie wollen flüchten, in einem tödlichen Katz-und-Maus-Spiel, vielleicht wochenlang, ständig auf der Hut, immer weiterrennend. Und das war Marthas Abschied. Was kann ich schon sagen, ohne sie zu verletzen? Vielleicht: Martha, nicht so. Ich möchte dein Mann sein, für dich sorgen. Und wenn du mich später nötig hast, weil wir heute zusammen waren, was dann? Dann bist du allein.« Aber das alles konnte er ihr nicht sagen. Außerdem wußte sie es ohnehin.

»Weil ich dich liebe, kann es so nicht sein zwischen uns«, sagte er leise. »Versuche doch zu verstehen, Martha.« Sie senkte den Kopf. Ihr loses Haar fiel wie ein Vorhang zwischen sie. Beide schwiegen. Martha rannen Tränen über die Wangen. Tröstend legte Asril den Arm um ihre Schultern. »Ich bringe dich . . .« – »zurück«, wollte er sagen, doch ihr Haus war nur noch ein Haufen Asche – ». . . zu deinen Eltern. Wo sind sie?«

»Der Vater ist im Laden. Ibu Lara hat gesagt, sie könne mit Proviant aushelfen. Die Hütte in der Pflanzung haben wir verlassen. Wir sahen am Berghang Feuer. Nun haben wir vor, uns irgendwo zu verstecken, vielleicht in einer Höhle.« Martha band ihr Haar zu einem Knoten und kletterte die Holzleiter hinunter. Stumm wanderten sie ins Dorf hinunter. Asril führte sie in der Dunkelheit.

Kurz vor dem Ziel brach Martha das Schweigen: »Asril, es tut mir leid. Ich habe es dir schwer gemacht.« Worauf er wortlos ihren Arm drückte. »Noch etwas, Asril: Unter dem Haus, zwischen der Mittelstelze und dem Hülsengefäß, haben wir die Bibel zurückgelassen. Sie gehört dir. Der Herr sei mit dir, mein Lieber.« Und dann schlüpfte sie durch die Hintertür in den Laden. Asril versuchte nicht, sie aufzuhalten, und verschwand in der Nacht. »Der Herr sei mit dir«, hatte Martha gesagt. Es war der übliche Abschiedsgruß unter Christen. Doch Martha ging er nicht so leichthin über die Lippen. Entmutigt und verwirrt, niedergedrückt durch einen unsagbaren Verlust, schlich Asril nach Hause, ließ sich aber während der nächsten Tage nirgends blicken.

Bapak Asril hatte unter der Herrschaft der Aufständischen gelernt, sich ruhig zu verhalten und Konflikte zu vermeiden. Er tat einfach, was man von ihm verlangte. Doch niemand, der ihn kannte, dachte auch nur im entferntesten daran, in seinem Inneren habe sich etwas geändert. Auch Damjan hatte sich angepaßt, wenigstens äußerlich. Er unterwarf sich dem ihnen aufgezwungenen Ritual. Er wusch sich, kniete und sagte Gebete auf. Er wollte nicht sterben. Abgesehen davon – wer würde nach den Alten schauen? Jemand mußte es tun.

Mama Asril hielt die Familie zusammen. Sie gab dem Mann und den Söhnen zu verstehen, daß in dieser schwierigen Zeit jeder seinen eigenen Weg suchen mußte. Es war nicht die Zeit für Vergleiche und Verurteilungen. Das blieb allein Gott überlassen. Doch eine Schwierigkeit gab es. Die Familie hatte Angst wegen Asril. Er wußte: Solange er in der Umgebung des Dorfes blieb, war er für sie eine Bedrohung. Damjan hatte recht gehabt mit dem, was er gesagt hatte in jener Nacht, als die Kämpfer nach Rumit suchten. Asril blieb im Haus verborgen. Doch mit jedem Tag wuchs die Gewißheit in ihm, daß er sich wieder auf dem Berg verstecken müsse. Sobald er sich dazu entschlossen hatte, war er erleichtert.

Vor der Morgendämmerung, als der Nebel noch im Tal hing, ging er an den Brandplatz von Rumits Haus und grub das Buch aus. Die schützende Hülle hatte unter der Hitze gelitten. Doch das Neue Testament war unversehrt. Nun lief er zurück ins Dorf, auf dem üblichen Umweg um den Wachtposten herum. Zu Hause nahm er etwas Kleidung und Nahrung und wickelte alles in einen Sarong. Dann rüttelte er Damjan wach. Der verstand die geflüsterten Worte nur halbwegs. Und bis er begriff, was geschah, war Asril weg. »Auf Nimmerwiedersehen«, schoß es ihm durch den Kopf. Soviel war ihm klar: Bliebe Asril, käme er um.

Asril lief im Busch zum Wasserfall hinauf. Oben in der Höhe begann sich der Nebel bereits zu lichten. Die Morgendämmerung nahte. Nun watete er durch den Fluß. Das Wasser reichte ihm bis über die Knie. Kurz bevor er das bewaldete Ufer erreichte, bemerkte er unter den Bäumen schmutzige Gestalten. Sein Schreckensschrei wurde vom Rauschen des Wassers übertönt. Er mußte aus dem Fluß heraus. Die würden ihn ertränken, wenn sie ihn dort erwischten. Aber er konnte nicht zurück. So zog er den Parang und wagte sich ans Ufer.

Die »Schwarzhelme« kamen unter den Bäumen hervor und griffen an. Es war unmöglich zu erkennen, wie viele es waren. Er stand dem Feind mit verwegener Verzweiflung, auf Gedeih und Verderben, gegenüber und wehrte sich mit der geschmeidigen Kraft und der Wendigkeit einer Katze. Sein Parang wirbelte inmitten eines Handgemenges, das von Stöhnen und Schmerzensgeheul begleitet wurde. Er hörte das dumpfe Aufschlagen eines Körpers sowie Rufe in einer ihm unverständlichen Sprache. Doch dann erwischte es ihn von hinten. Kopfüber fiel er nach vorn. Der Kampf war vorbei.

Augenblicklich warfen sie sich auf ihn. Schwer lastete ein Knie auf seinem Rücken. Das Hemd wurde ihm von den Schultern gerissen, seine Arme auf den Rücken gebunden. Er spuckte den Dreck durch seine geschundenen Lippen. Gefesselt und mit verbundenen Augen wurde er den ganzen Tag geführt oder auch geschleppt, bis ins Lager des Feindes. Dort angekommen, nahm man ihm die Binde ab. Asril war schlapp und stand auf wackeligen Beinen. Sie waren in einer Lichtung, soviel konnte er sehen. Leute kamen auf ihn zu. Dann bemerkte er eine elende Hütte aus Bambus. Er wurde gepackt, hineingeschmissen und bewacht. Trotz seiner Fesseln schlief er bald ein.

Am nächsten Morgen kam der Anführer, eine offensichtlich abgebrühte, aber seltsam makellose Erscheinung in diesem Dschungel-Versteck. Er war sehr jung, von natürlicher Autorität, und gab sich gelassen, als er sich an Asril wandte. Kurz und knapp verhörte er ihn: »Wo ist der Lehrer?«

»Ich weiß es nicht.«

»Du lügst. Du hast ihn immer wieder besucht. Wo ist er jetzt?«

»Ich habe gesagt, daß ich es nicht weiß.« Mindestens eine Woche schien vergangen zu sein, seit er Martha zum letzten Mal gesehen hatte. Wo waren sie und ihre Leute wohl? Hoffentlich in Sicherheit.

Der Anführer versuchte den Gefangenen einzuschätzen. Seine Augen glitten über die breiten Schultern und die drahtige, kräftige Gestalt. Der kannte sich aus hier in der Gegend. Hinzu kam die natürliche Fähigkeit, im Dschungel zu überleben. In diesem Burschen steckte einiges. »Komm zu uns, dann wirst du am Leben bleiben«, bemerkte er beiläufig. Asril wurde schwarz vor den Augen. Entsetzliche Angst ergriff ihn. Damit sie verborgen blieb, senkte er den Kopf.

»Nun?« fragte der Aufständische, weniger beiläufig, weiter.

Asril schwieg noch immer. Ihm kam Pagi in den Sinn. Er und andere dienten nun als ortskundige Spione den Feinden ihres Volkes. – Jetzt blätterte sein Gegenüber im Neuen Testament, es schien fast, als geschähe es verständisvoll. »Dieses heilige Buch gehört dir?« Asril nickte, ohne aufzublicken. »Sturer Bock! Du hängst also an dem, was die Holländer lehrten. Warum?«

Asril zwang sich zum Denken. Er war eigensinnig, hartnäckig und stolz wie sein Vater. Aber das war es nicht, weshalb er sich jetzt nicht beugte. Seine Mutter, Pfarrer Josef, die geheime Gemeinschaft in Rumits Haus – das alles schoß ihm durch den Kopf, während er um eine Antwort rang. »Weil es wahr ist.« Und seine Gewißheit war nie größer gewesen als jetzt, in dieser Stunde der Wahrheit.

Sein Gegenüber verachtete die Leute in den nebligen Tälern, die ihren dürftigen Lebensunterhalt aus Busch und Boden herausschinden mußten. Aber noch mehr verachtete er den Gefangenen, der sich selber preisgab. Mut, in welcher Form auch immer, erfüllte ihn mit widerwilliger Bewunderung. Ihre Blicke begegneten sich: Asrils zorniger, voller Angst, der des Anführers unergründlich. »Wie wahr es ist, werden wir herausfinden«, sagte er kaum hörbar. Das Buch flog der Wache zu: »Nehmt und verbrennt es! Und dann haut diesen jungen Hund zusammen.«

Asrils Handgelenke wurden an einen Ast gebunden. Dann ergriff einer ein Stück frisch geschnittenen, geschmeidigen Rattan, holte schwungvoll aus und ließ es qualvoll über das Rückgrat des Wehrlosen niedersausen. Asril rang nach Luft. Sein Körper zuckte krampfhaft. Auch die andern nahmen nun ein Stück Rattan zur Hand. Abwechselnd droschen sie drauflos, bis sie nicht mehr konnten und das schluchzende, würgende Opfer keinen Laut mehr von sich gab. Sie lösten die Fesseln und ließen den bewußtlos zu Boden Gefallenen liegen.

Als Asril zu sich kam, versuchte er seinen zitternden Körper zu bewegen, verlor aber beinahe wieder das Bewußtsein. Kraftlos lag er auf dem Gesicht, wie ein verwundeter Hund, außerstande, wegzukriechen, um sich zu verstecken. Die Demütigung war bitter, die Tränen nicht aufzuhalten. Die Angst, daß er vollkommen gebrochen werden würde, nagte quälend an ihm. Ein Wort stieg in ihm auf: »Der Herr sei mit dir ... Der Herr ...« und an ihn klammerte er sich.

Sein geschwollener, von Blut triefender Körper lag auch nach der zweiten Runde Schläge wie tot am Boden. Aber er atmete noch. Eine weitere Tortur würde er nicht überleben. An einen solchen Gefangenen verschwendeten die Aufständischen keine Wache. Tage und Nächte vergingen für ihn gleichförmig. Allein lag er in der Hütte und sehnte den Tod herbei.

In der Nacht hatte es geregnet. Noch hingen ein paar Wölkchen am Himmel. Die Luft war kristallklar. Über Wandula waren an den Hängen die einzelnen Bäume erkennbar. Die hölzernen Umfassungen der Pflanzungen und die Felsvorsprünge warfen ihre Schatten in der Morgensonne. Als wenn nichts geschehen wäre, schoß gleißend der Wasserfall ins Tal hinab.

Mama Asril trat aus dem Haus, und die Morgenstimmung zog sie in ihren Bann. Ihr Blick wanderte hinüber zum Sago-Sumpf, wo bereits ein leichter Dunst aufstieg. Im Ried, dort, wo einst ganze Herden geweidet hatten, grasten jetzt nur ein paar Wasserbüffel. »Wie lange noch?« fragte sie sich. »Wann wohl werden die auch noch nach dem restlichen Vieh greifen?«

Über solchen Gedanken kam ihr die eigene Versorgung in den Sinn. Der Überlebenskampf gehörte nun zu ihrem täglichen Leben. Karg war es bei ihnen im Dorf immer zugegangen, aber es hatte gereicht: Die kleine Ernte, mühsam dem Boden abgerungen, sowie die Schweine und

Hühner, dazu Tiere, die die Männer von der Jagd mitbrachten. Doch nur noch wenige trauten sich jetzt fort. Die Angst vor den Aufständischen hielt die meisten zurück. Und ihnen den geforderten Tribut an Reis zu verweigern, wagte auch niemand. Ohne Sago-Palmen wären sie längst verhungert. Dankbar dachte Mama Asril daran. Auch heute wollte ihre Familie mit den Nachbarn zusammen an einer gefällten Palme arbeiten. Damit war das Essen für diesen Tag bestimmt.

Der Stamm lag der Länge nach am Boden, mit seinem knappen Meter Durchmesser ein Riese unter Riesen, eindrücklich auch ohne seine mächtigen Wedel, die schon gehäuft daneben lagen, bereit, als neues Dach zu dienen. »Wie ein gefallener Held«, fuhr es ihr durch den Sinn, »enthauptet – wie alle, die in die Fänge der Aufständischen geraten. Das wird wohl auch Asrils Schicksal sein!« Wie aus einem Hinterhalt überfielen sie diese Gedanken, aber sie widerstand ihnen.

Damjan hackte die Rinde ab. Dann mußte das Mark herausgeschnitten und im Wasser des Sumpfes gewaschen werden. Am nächsten Tag würde dann die abgelagerte weiße Sagostärke, die als Grundnahrung diente, eingesammelt werden können. Nun ging Mama Asril mit ihrer Nachbarin neben dem Stamm in die Hocke. Und während sie zusammen schwatzten, begannen sie mit ihren Messern das Mark abzulösen. Im Sumpf herrschte eine gewisse Freiheit. Einerseits waren sie dort vor allen feindlichen Patrouillen sicher, die Wandula kontrollierten. Andererseits waren sie nicht so weit vom Dorf entfernt, daß sie jenen in die Hände gerieten, die den Busch durchkämmten.

»Man hat deinen Bruder schon eine Weile nicht mehr gesehen, was ist los mit ihm?« fragte arglos ein Bursche.

Damjan fuhr zusammen. »Keine Ahnung«, antwortete er wahrheitsgemäß, wenn auch etwas unsicher. Tatsächlich hatten sie in der Pflanzung oben wiederholt Eßwaren versteckt. Sie blieben aber unberührt. Doch einem Nachbarn davon zu erzählen, wäre unweise gewesen. So fuhr er denn verlegen und mit gesenktem Kopf weiterarbeitend fort: »Wir haben ihn auch nicht gesehen, schon seit einigen Wochen nicht mehr.«

»Der ist bestimmt ein guter Schwarzhelm geworden«, bemerkte ein anderer naiv und ungewollt sarkastisch. Grinsend zwinkerten sich einige zu. Damjan, nicht einmal sicher, wer das gesagt hatte, glühte vor Zorn. Doch Mutters Augen blitzten ihn an, worauf er wortlos seine Wut hinunterwürgte. Sich jetzt vor Asril stellen, hieße Rachegelüste gegen die Familie schüren. Schweigen war geboten, damit niemand Gelegenheit erhielt, eine unbedachte Äußerung zu verdrehen.

Einige Wochen waren verflossen, seit Asril vor Tagesanbruch in der Dunkelheit verschwunden war. Damjan ging allmählich auf, wie sehr er von der absoluten Verschwiegenheit seines wortkargen Bruders abhing. Sie waren sich in letzter Zeit eher kühl, manchmal auch etwas gespannt begegnet. Über das Leben in einem besetzten Land dachten sie eben verschieden. Dennoch waren sie stark miteinander verbunden. Nichts konnte jetzt die Lücke füllen. Er vermißte den Bruder schmerzlich.

Nun war Damjan allein für seine alternden Eltern verantwortlich. Anfangs zögerte er, mit ihnen über Asrils Flucht zu reden. Doch dann lernte er ihre Zähigkeit kennen. Besonders die Mutter war sich der Spannungen, die Asrils Verhalten verursacht hatte, voll bewußt. Aber wenn Asril am Leben bleiben wollte, was war ihm denn anderes übriggeblieben als die Flucht? Soviel wußte sie, aber auch, daß Gott mit ihm sein würde. Sie alle waren insgeheim froh über Asrils Verschwinden.

Noch etwas anderes bohrte in Damjan und ließ ihn

nicht los. Was Nio und ihren Freundinnen zugestoßen war, hatte ihn entsetzt. Das konnte sich wiederholen und andere treffen, auch Rusmini! Sie riskierte, von umherstreifenden Aufständischen geschnappt zu werden, nur weil sie jung und vielleicht nützlich war. Wenn das Rusmini zustieße, würde sie wahrscheinlich gezwungen, einen Aufständischen zu heiraten. Da half nun alles Verdrängen nichts.

Das vor einiger Zeit geworfene Los war immer noch Damjans Geheimnis. Während der Wirren hatte er die Sache vergessen. Doch jetzt stand alles wieder vor ihm, plötzlich und irgendwie zwingend. Je mehr er darüber nachdachte, desto schmerzlicher wurde ihm seine mangelnde Bereitschaft bewußt, sich eine Frau zu nehmen. Alles, was er an Scharfsinn und Initiative besaß, war darauf ausgerichtet, sich mit seinen Eltern zusammen durchzuschlagen. Aber wenn er nicht handelte, fiel Rusmini möglicherweise irgendeinem Schwarzhelm zu.

Weiter kam er nicht. Das Essen war bereit. Sago, zerriebenes Kokosnußfleisch und Farntriebe waren immer noch besser als gar nichts. Außerdem mußten weder die als Teller dienenden Blätter noch die schnell aus Bambus geschnittenen Becher gespült werden. Nach dem Essen warf Damjan sein »Geschirr« in den Busch. Dann gingen sie ins Dorf zurück.

Am folgenden Tag waren mehrere aus Blättern bestehende Behälter mit weißem Sago abholbereit. Damjan und die anderen wankten unter der schweren Last nach Hause. Rusmini ging Damjan nicht aus dem Sinn. Für ihn war es jetzt klar: Um ihrer Sicherheit willen sollten sie so bald wie möglich heiraten.

Mehrere Wochen mußten verstreichen, bis Damjan seinen unausweichlichen Entschluß verdaut hatte. Er beobachtete Bapak Asril, der nun ein trauriger, in sich gekehrter Mann geworden war, kaum mehr fähig, richtig zu arbeiten oder gar Verantwortung zu übernehmen.

Nur *eine* Beschäftigung schätzte er nach wie vor. Früh am Morgen konnte man ihn bei den Enau-Palmen sehen. Auf einer behelfsmäßigen Leiter stehend, sammelte er mit einem Bambusgefäß den Saft, der aus den aufgeschnittenen Fruchtständen tropfte. Sobald der am Boden stehende, große Behälter voll war, ging er nach Hause. Bis gegen Mittag war der Saft gewöhnlich gegoren und als Palmwein trinkfertig. Diesen Genuß hatte Bapak Asril schon immer geschätzt. Doch seit er wegen der Aufständischen auf seine Schweine und das Sammeln von Rattan verzichten mußte, ersäufte er oft seinen Verdruß im Kreise seiner Freunde, beim Wettstreit, wer mehr vertragen könne.

Es war ein heißer Nachmittag. Bapak Asril saß zusammengesunken in seinem Stuhl, stumpf vor sich hin brütend, eine Schale Palmwein neben sich. Wie immer wartete er auf seine Frau und Damjan. Sie waren oben in der Pflanzung. Wenn sie von dort zurückkamen, wußten sie immer etwas Unterhaltendes oder Aufregendes zu berichten. Diese Gelegenheit nutzte Damjan.

»Eine Hochzeit!« jubelte der benebelte Bapak und schlug sich übermütig auf den Oberschenkel. »Aber – wie können wir eine Hochzeit feiern ohne ein Schwein?« zweifelte er sogleich betrübt. Als er Damjans beherrschte Haltung bemerkte, zupfte er an seinem spärlichen Bart. Dann meinte er: »Gut. Wir werden sehen, was sich machen läßt. Sie ist noch sehr jung, stammt aber von der Sippe deiner Mutter ab – bestimmt ein gutes Mädchen.«

Als Haupt der Familie handeln zu müssen, erfüllte Bapak Asril mit neuem Leben. Er sorgte für eine vertrauenswürdige Verwandte, die zwischen den beiden Familien vermitteln mußte. Dazu waren diplomatisches Geschick und unendlich viel Zeit nötig. Zwar fielen unter den herrschenden Umständen viele altehrwürdige Bräuche weg. Trotzdem ließ sich diese heikle Angelegenheit zur allseitigen Zufriedenheit regeln. Nun konnte das persönliche Verfahren beginnen.

Ein Päckchen Betelnüsse, hübsch eingewickelt in ein Bananenblatt, fand den Weg zu Rusmini. Vor der erweiterten Familie – es kam, wer kommen konnte – öffnete Rusmini das Geschenk, scheu und zögernd, unter schicklichem Gekicher. Den Inhalt bot sie ihren Eltern zum Kauen an. So vergnügt und unterhaltend sie sonst sein konnte, heute gab sie sich in traditioneller Weise formell höflich. Nun war die Verlobung öffentlich. Ein Hochzeitsfest nach herkömmlichem Brauch war nicht möglich. Das Leben war hart geworden. Die Aufständischen spielten der Bevölkerung übel mit. Es gab keine Familie, die mehr als das zum Überleben Notwendige hatte. Selbst der übliche »Brautpreis« fiel weg. Damjan hätte all die Kleider, Sarongs und anderen Geschenke für die Familie der Braut niemals zusammengebracht. Für Bapak Asril war das besonders schlimm. Ihm ging das an seine Ehre. Er fürchtete um sein Ansehen. »Eines Tages, wenn alles wieder besser ist . . .«, brummte er einmal unbestimmt in seinen Bart.

Zu Rusminis Schmerz bestand auch nicht die geringste Aussicht auf eine kirchliche Trauung. Nachdem sie sich tagelang abgequält hatte, fragte sie schließlich: »Damjan, wie heiraten eigentlich Leute wie wir unter Muzakkars Herrschaft?«

»So wie sie beerdigt werden. Irgendeiner veranstaltet eine Zeremonie«, antwortete er gleichgültig, als ob das Ganze nebensächlich wäre. Doch dahinter verbarg sich nur seine eigene Unsicherheit.

»Aber wenn es keine Kirche ist, fühle ich mich nicht verheiratet«, protestierte sie.

»Da gibt es doch nichts anderes. Mindestens ist es legal.

Und eines Tages werden wir Pfarrer Josef bitten, uns noch mal zu trauen, und dann gibt es eine richtige Zeremonie«, versprach er ihr schließlich. Doch Rusmini schaute ihn nur mit ausdruckslosem Gesicht an. Damjan war beunruhigt, weil sie ihm Hindernisse in den Weg legte. Er hatte geglaubt, sie gut genug zu kennen. Warum war ihr die Dekoration so wichtig? Konnte sie sich wirklich nicht mit der schwierigen Lage, in der sie alle waren, abfinden?

Die Familie bemühte sich um die Dienste eines Imams. Der kam in Rusminis Haus, wo das Paar in seinen fadenscheinigen Alltagskleidern stand. Damjan wiederholte, was der Imam vorsagte: »Um diese Frau zu heiraten, gebe ich dieses Geld und diesen Sago.« Das aus verschiedenen Quellen zusammengekratzte Geld war für den Imam. Der Sago, den Mama Asril aus dem riesigen Stamm gewonnen hatte, übergab ihr Mann als Brautpreis Rusminis Familie. Damit war die Trauung rechtsgültig.

Trotz äußerster Einfachheit kam es zu einer fröhlichen Begegnung zweier Familien samt einiger Freunde – ein Höhepunkt im eintönigen Alltag. Gefeiert wurde das Paar mit Palmwein und Sago-Kuchen sowie einigen Hühnern, die aus der Pflanzung geschmuggelt und dem Zugriff der Aufständischen entgangen waren. Bapak Asril und Bapak Rusmini betranken sich. Mama Asril und Mama Rusmini schwelgten in Erinnerungen. Lena und die größeren Kinder bedienten, während die Kleinen unten spielten und einander nachjagten. Doch Braut und Bräutigam fühlten sich seltsam unbefriedigt, als ob ihre Heirat irgendwie nicht gültig wäre.

Damjan gab sich nach außen scherzend. In Rusmini dagegen schrie ihre ganze Enttäuschung auf, ihre Sehnsucht nach einer traditionellen Zeremonie, von der sie geträumt hatte. So saß sie meistens niedergeschlagen da. Von ihrer Lebhaftigkeit war an diesem Tag nichts zu spüren. An der

Wahl ihrer Eltern hatte sie nichts auszusetzen. Sie schätzte auch Damjans eigentlichen Beweggrund für eine rasche Heirat, lehnte sich aber gleichzeitig dagegen auf. Ihr Herz war einfach noch nicht bereit. Sie glaubte, ihrer Hochzeit fehle der Segen.

Nur zögernd betrat sie das Brautgemach, das Lena und ihre Freundinnen liebevoll geschmückt hatten. Das Brautpaar legte sich Seite an Seite auf die große Tikar, die Mama Rusmini für sie geflochten hatte. Der noch starke Wohlgeruch der neuen Matte erfüllte den Raum. Nebenan ertönten knirschende und kratzende Geräusche. Dort legten sich die Eltern der Braut schlafen. Gäste, die von den Pflanzungen heruntergestiegen waren, legten ihre Matten in der Küche aus, wo die von der Asche bedeckte Glut des Herdfeuers noch wärmend strahlte. Nach und nach wurde es auch dort still.

Rusmini bewegte sich nicht. Damjan war sich ihrer Gefühle durchaus bewußt. Doch das beruhigte ihn keineswegs. »Rusmini«, begann er zart. Stille. Nach einer Weile versuchte er es nochmals: »Rusmini«.

»Ja«, hauchte sie.

»Du mußt keine Angst haben vor mir«, fuhr er unsicher und unbeholfen weiter. »Ich bin doch noch derselbe, ganz so, wie du mich schon immer gekannt hast.« Keine Antwort. Die lähmende Stille wich nicht. Damjan war verwirrt, wußte nicht mehr weiter und gab auf.

Nio hockte vor einem riesigen Tontopf und schürte das Feuer. Der Rauch stieg senkrecht auf und verlor sich in einem Schutzdach von Blättern. Überall Bäume, nichts als Bäume. Sie hatte keine Ahnung, wo sie war. Zusammen mit den anderen war sie mit verbundenen Augen hierhergeführt worden. Vielleicht seit zwei Monaten – sie zählte die Tage nicht mehr – gehörten sie nun zu den Aufständischen. Während dieser Zeit waren sie zweimal verlegt worden. Doch den Himmel hatte sie immer nur fetzchenweise gesehen.

Die entführten Mädchen kochten, bereiteten Sago zu, suchten die Umgebung nach eßbaren Blättern ab. Manchmal gab es ein wenig Reis, der aus geplünderten Schobern stammte, hin und wieder ein bißchen Fleisch von Tieren, die einem Dorf abgenommen worden waren. Als man ihr Schnecken mit schwarzen Häuschen brachte, wußte sie, der Matano-See konnte nicht allzuweit sein. Das war für sie der einzige Anhaltspunkt.

Nun lehnte sie sich über den Topf, prüfte den Inhalt, rührte ein letztes Mal um und bedeckte die Flamme. Sobald alle anderen gegessen hatten, waren die Mädchen an der Reihe. So ging dann ein weiterer tödlich langweiliger Tag zu Ende. Eine Flucht war kaum möglich. Sie kochten unter Aufsicht. Selbst wenn eine von ihnen entkommen könnte, wäre sie außerhalb des Lagers bald im Dschungel verloren. Im übrigen wurde gut für sie gesorgt. Sie mußten nicht hungern und hatten sogar neue Sarongs bekommen. Die anderen Mädchen hatten sich angepaßt. Wollten sie am Leben bleiben, hatten sie keine andere Wahl. Doch Nio machte die demütigende Gefangenschaft immer noch wütend. Für den ihr aufgezwungenen »Gatten« mittleren Alters konnte sie außer Verachtung nichts empfinden.

An diesem Abend war sein Verlangen rasch befriedigt. Er rollte weg von ihr und schlief sofort ein. Nio lag auf ihrer Hälfte der Matte und lauschte auf sein lautes Schnaufen. Der Gedanke, noch einmal in dieser erniedrigenden Weise mißbraucht zu werden, brachte sie zum Kochen. Ekel und Abscheu packten sie. »Ich ertrage es nicht mehr länger, um keinen Preis!« Auf dem Rücken liegend, zog sie langsam die Knie an, legte ihre Handflächen auf Hüfthöhe auf die Matte. Dann stemmte sie sich vorsichtig weg von seiner

Seite und kroch schließlich unbemerkt zum Türloch. Jetzt schnarchte er. Angst überkam sie. Für einen Moment stockte ihr Atem. Sollte er aufwachen, würde sie Notdurft vorschützen. Sein Atem ging wieder regelmäßig. Sie setzte Fuß vor Fuß, ging vorsichtig, wie auf Eiern. Sein Parang steckte in der Wand. Sie nahm ihn beim Griff, begann zu ziehen – und als es raschelte, fuhr sie zusammen. Beinahe wäre ihr der Parang entglitten. Ganz langsam begann sie von neuem und löste ihn von der Wand.

Behutsam verließ sie die Hütte. Lautlos wie im Traum schritt sie durch das schlafende Lager. Die Sterne am Himmel halfen ihr, die beiden Wachtposten beim Lagereingang zu erkennen. Wie in Trance bewegte sie sich dorthin. Ihre Füße berührten kaum den Boden. Der erste Posten saß regungslos am Boden, das Gewehr im Arm, den Kopf vornübergebeugt. Sie glitt an ihm vorbei. Jetzt nur weiter zum nächsten. Auch der war eingeschlafen. In einem Taumel von Verzückung tauchte sie in die tröstliche Tiefe des Dschungels, wo kein Licht mehr eindrang.

Doch weit kam sie nicht. Ein Tumult im Lager holte sie unbarmherzig in die Wirklichkeit zurück. Das Stakkato zorniger Kommandos zerriß die Stille. Tanzende Lichter von Fackeln geisterten durch die Finsternis. Gewehre waren rar. Den im Nahkampf ebenso wirksamen Bambusspeer in der Hand, schwärmten die Verfolger aus. Wegrennen wäre Wahnsinn gewesen. Wenn sie auch verzweifelt war, verrückt war Nio nicht. Zwischen zwei hohen Wurzelwülsten eines großen Baumes ging sie in Deckung. Das Gestrüpp schloß sich über ihrem schmalen Körper. An den Boden gepreßt, wartete sie auf die Bambusspeere und den Tod.

Fluchend und schreiend traten und schlugen sich die Verfolger den Weg durchs Unterholz. Ihre Stimmen wurden lauter und wilder und rückten bedrohlich näher. Und jetzt war Nio mitten im Getümmel. Sie bebte und wagte kaum mehr zu atmen. Eine stampfende, schnaufende Büffelherde schien krachend durchs Gestrüpp zu brechen und über sie hinwegzujagen. Das Getöse nahm ab, und schließlich wurde es wieder ruhig.

Nio machte es sich ein wenig bequemer. Katzenartig zusammengerollt, lag sie jetzt in ihrem Versteck und wartete. Sie vernahm nichts als das Klopfen ihres eigenen Herzens. Nach einer Weile erhob sie sich verwirrt und zitternd, hielt den Parang an ihrer Seite fest und begann zu laufen. Wohin, wußte sie nicht. Für sie gab es nur eines, weg von hier – so weit wie möglich noch vor Sonnenaufgang!

Als das erste Licht den Dschungel durchdrang, rannte sie noch immer. Sie lief den ganzen Tag, und auch den nächsten. Da sie den Himmel nicht sehen konnte, richtete sie sich nach dem Aufgang der Sonne. Nachts baute sie sich mit dem Parang einen behelfsmäßigen Schutz. Wasser trank sie aus den klaren Bergbächen. Sie aß schmackhafte Nüsse, wurde aber nicht satt davon. Obwohl sie daran gewöhnt war, barfuß zu laufen, waren ihre Fußsohlen rauh und wund vor lauter Stolpern und Straucheln. Unzählige Male sank sie zu Boden. Doch immer wieder rappelte sie sich auf, hungrig und erschöpft. Sie war verloren. Und sie wußte es. Das Gefühl entsetzlicher Verlassenheit überkam sie.

Wer ging schon allein durch den von Geistern belebten Dschungel? Niemand, der noch bei Verstand war – und eine junge Frau schon gar nicht. Sie war gefangen in dieser unermeßlichen Wildnis. Bäume, nichts als Bäume, die ihr auch den Blick zum Himmel verwehrten. So gab es für sie nur eines, immerzu vorwärtszugehen.

Plötzlich knallte es wie von Gewehrschüssen. Nio warf sich nieder. Ihr stockte das Herz. Weiter unten am Hang krachte und splitterte ein alter Dschungel-Riese durch das

Gehölz zu Boden. Nun war es wieder still. Nio blieb liegen. Ihr Herz pochte wild. Doch als dann die Vögel mit ihrem Gezänk fortfuhren, wurde ihr wieder wohler. Sie stand auf und schleppte sich mühsam weiter. Ein Schwarm lärmender Papageien folgte ihr. Manchmal hörte sie Affen kreischen. Einmal wich lautlos eine Schlange vor ihrem Schritt.

Sie wußte nicht, wie ihr geschah. Plötzlich überkam sie eine zunehmende Gewißheit, daß hier in diesem mit Leben erfüllten Dschungel die Quelle allen Lebens gegenwärtig war. Niemand auf dieser Welt, nicht einmal sie selbst, kannte ihren Fluchtweg. Aber der große, allwissende Schöpfergott umgab sie. Er wußte, wo sie war. Ihm hatte sie in der Kirche von Wandula gedankt, ihn gelobt und gepriesen. Er war als Mensch auf diese Erde gekommen, um unter den Seinen zu leben, und er litt und starb für sie. Gehörte sie nicht zu seinem Volk? »Ich bin hier, mein Herr und mein Gott!« schrie sie in die Stille, »hier in diesem großen Dschungel, der einst mein Spielplatz war und nun mein Grab werden soll!« Und ihre Stimme verklang im Schweigen der Bäume.

Sie stolperte weiter und fiel beinahe über einen Büschel wilden Ubi. Wo einer wuchs, da gab es noch andere. Hastig begann sie nach der Knolle zu graben. Nio wußte: Wenn wilder Ubi nicht vor dem Kochen gewässert wurde, war er ein bißchen giftig und wirkte berauschend. Doch dafür fehlte ihr jetzt die Geduld. Bald hatte sie ein paar trockene Palmspitzen und Feuersteine gefunden. Die Knollen aß sie, noch bevor sie gar waren. Sie wollte weiter. Als sie sich gestärkt wieder auf den Weg machte, torkelte sie im Zickzack vorwärts, stolperte über Wurzeln, quetschte sich mal da, mal dort und zerriß ihre Kleider dabei. Stöhnend und lachend machte sie Jagd auf eingebildete Gestalten. Nio war berauscht. Aber nichts konnte sie aufhalten.

Tag um Tag verging, ermüdend gleichförmig, in schrecklicher Einsamkeit. Sie fand weiteren Ubi, nahm sich diesmal aber Zeit für die Zubereitung. Wie sie es vom Bruder gelernt hatte, lockte sie mit Resten Waldratten in Bambusfallen. So hielt sie sich am Leben.

Die Nächte wurden ungemütlich. Die Kälte überstieg alles bisher Erlebte. Der Schlaf blieb aus. Sie schlang die Arme um ihren dünnbekleideten Körper und wartete auf die Sonne. Gefangen unter dem grünen Schirm, glich Nio einem Fisch im Meer. Was ihr fehlte, war die Vogelschau. Sie versuchte ständig, an Höhe zu gewinnen. Irgendwann mußte sie oben ankommen. Eines Tages war es dann soweit. Es wurde nicht nur kälter, es gab auch immer weniger Bäume. Das Gebüsch nahm zu. Es wurde lichter. Der feuchte Boden mit Farnen und anderem Gewächs wich trockenem Grund, den Flechten bedeckten. Sonnenstrahlen durchbrachen das lockere Grün und erhellten den Boden. Dann sah Nio ein Stück blauen Himmel über sich. Sie stieg weiter, so wie man in einer Höhle dem Licht zustrebt. Als Kind war sie so mit ihrem Bruder geklettert, wenn sie Wandulas Umgebung erforscht hatten. Sie kämpfte sich höher und höher, zog sich an Felsbrocken und Wurzeln hoch, schürfte sich die Knie wund, brach Fingernägel. Doch schließlich erklomm sie, um Luft ringend, einen Felsvorsprung.

Das ganze Land lag zu ihren Füßen. Sie glaubte, am Rande der Erde zu stehen. Vor ihr tat sich eine nie gekannte Welt auf. Eine unvorstellbar schöne Landschaft zog sie in ihren Bann. Weit unten erblickte sie das klare Blau eines großen Sees. Dahinter ragte ein weit ausgedehntes, wild zerklüftetes Gebirge auf, das in der Ferne verblaßte und sich schließlich im Dunst dem Blick entzog. Der Widerschein des gekräuselten, in der Sonne glitzernden Wassers begann sie zu schmerzen. Tränen standen ihr in den Augen. Irgendwo am Ufer stieg graublauer Rauch auf. Dort waren Menschen! Sie war gerettet!

Nio warf sich auf den Felsengrund und schmiegte in der prallen Sonne ihren Körper auf die glatte, wärmende Fläche, während ihre Seele Gott dankte und pries.

Rusmini und ihre Mutter waren eben dabei, für die heimkehrenden Männer Ubi-Knollen zu schälen. Auf dem Küchenboden gab ihr jüngster Bruder lustvolle Schreie von sich. In einem am Dachsparren aufgehängten Sarong schwang das Kleinste sanft hin und her. Rusmini arbeitete ununterbrochen, bis das leichte Knarren der Wiege durch Geräusche von draußen übertönt wurde. Vor der Tür erblickte sie den Vater, dahinter ihren Mann und die jüngeren Brüder sowie einen jungen Wasserbüffel, der Brennholz heranschleppte. Bapak Rusmini löste die Last und überließ das Tier den Jungen. Dann begab er sich mit Damjan zur abendlichen Waschung an den Fluß. Später ließen sie es sich auf der Veranda wohl sein und genossen den Ubi, den Rusmini ihnen brachte.

Es war ein überfülltes Haus mit seinen etwas über dreißig Quadratmetern, bestehend aus vier aneinandergereihten, gleich großen Teilen, nämlich der Veranda und drei Räumen. Hinzu kam auf der Rückseite die angebaute Küche. Bapak Rusminis neun Kinder fanden nur ihr Plätzchen, weil die meisten noch klein waren. Nachdem Damjan und Rusmini ein Zimmer für sich hatten, mußten die anderen in den restlichen Räumen samt Küche noch enger zusammenrücken. Wenn abends alles über die Leiter hinaufgegangen war, begann das Haus auf seinen Holzpfählen zu beben. Bapak Rusmini beklagte sich keineswegs. Er und seine Frau waren erleichtert, ihre älteste Tochter verheiratet zu wissen. Es war in dieser bangen Zeit ihr bester Schutz.

Die armselige Hütte war nicht ohne weiteres mit Bapak Rusminis wirtschaftlichem Stand gleichzusetzen. Dieser beruhte vielmehr auf der Zahl seiner Wasserbüffel. Von allen, die er besessen hatte, gestanden ihm die Aufständischen aber nur noch den einen zu. Auch dessen Tage waren gezählt. Das wußte Bapak Rusmini. Hühner konnte man oben in der Pflanzung verstecken. Aber wo soll man mit einem Wasserbüffel hin?

Er saß mit gekreuzten Beinen auf der Veranda und dachte angestrengt über ihre lahmgelegte, zerfallende Wirtschaft nach. Dürr war er geworden, der kleine Mann, an dem kein Fett mehr war. Seine Muskeln traten wie Seile hervor, wenn er seine Arme bewegte.

»Die Zeiten sind schlimm«, seufzte Bapak Rusmini, während er Ubi kaute. »Wie wird das alles enden? Tag für Tag mache ich, was ich kann. Immer bin ich froh, wenn es Abend ist und die Familie zu essen hatte. Über den Tag hinaus vermag ich überhaupt nicht zu denken.«

Damjan schwieg. Eine Ubi-Diät füllte seinen Magen nicht. Immerhin bestand Ende des Monats Aussicht auf eine kleine Ernte, vorausgesetzt, die Aufständischen legten nicht ihre Hand darauf, bevor sie den Reis schneiden und verstecken konnten. Das wäre wenigstens eine kleine Abwechslung, bevor es wieder Sago gab.

Ein Trommelschlag ertönte vom Wachtposten her. Magrib! Wortlos verließen die beiden Männer die Veranda und verschwanden im Haus. Dort konnte ihre Mißachtung des Abendgebets nicht wahrgenommen werden. »Ich frage mich nur, wann wir wieder Christen sein werden«, murmelte Damjan vor sich hin.

»Die Schwester deiner Frau, Lena, hat ein ausgezeichnetes Gedächtnis. Sie brauchen sie, um älteren Frauen Koranverse beizubringen«, beklagte sich Bapak Rusmini.

»Es könnte schlimmer sein«, dachte Damjan. Stünde ihr Dorf an der Hauptstraße, wären sie alle, wie die Leute von Saroako, längst der Armee aus den Augen geschafft und in ein Lager im Busch gebracht worden. Abseits und unter Aufsicht, könnte man sie besser beeinflussen. Damjan dachte erneut an die Zukunft. Dann brach es plötzlich aus ihm heraus:

»Deine kleineren Kinder, Bapak, die werden aufwachsen und sich an nichts erinnern . . . über . . . ich meine, was vorher war.« Das stimmte, aber dieser Wahrheit war Bapak Rusmini nicht gewachsen. Er schwieg zunächst. »In meinem Herzen bin ich Christ«, bekannte er pathetisch. »Irgendwann *muß* es sich ändern! Wir sind schließlich immer noch ein Teil dieser Republik.

»Welchen Teil meinst du?« hakte Damjan nicht ohne eine gewisse Bitterkeit nach.

Zugegeben, die Zentralregierung hatte den Kampf nicht aufgegeben. Aber während die »Merah-putih« über Jakarta wehte, dominierte der silberne Halbmond im Südland von Sulawesi. Über den Verlauf der Kämpfe vernahmen sie nur, was die Propaganda der Aufständischen verbreitete. Sie hörten wirre Gerüchte und widersprüchliche Schrekkensmeldungen. In dieser Nacht ergriff Damjan eine tiefe Mutlosigkeit und ließ sich nicht abschütteln.

Die beiden Männer schauten auf den schwarzen Sumpf hinaus, über dem der erste noch fahle Stern stand. Aus der Küche ertönte eine Flöte. Rusmini spielte den Kleinen vor. Diesmal vermochten ihre Triller aber Damjan nicht aufzuheitern. Im Gegenteil: Er sah alles nur noch schwärzer. Verwirrung blockierte sein Denken. Es begann in ihm zu toben, wie wenn ein Sturm auf Biegen oder Brechen durch die Bäume fuhr. Nur eines merkte er noch: Jetzt aber fort von hier, schnell, bevor er unverzeihlich rüde seinen Schwiegervater anfahren würde. Er murmelte eine Entschuldigung, stolperte die Leiter hinunter und verschwand in der Dunkelheit.

Nach der üblichen Zeit bei den Brauteltern zogen Damjan und Rusmini ins Haus seiner Familie. Damjan war unzufrieden, weil aus seiner Sicht als Pado-i gewisse Einzelheiten des Heiratsvertrages zwischen den beiden Familien nicht genau festgelegt worden waren. Rusmini andererseits konnte sich nicht mit der Art und Weise ihrer Hochzeit abfinden. Außerdem schmerzte sie die Trennung von ihrer Mutter. Das dämpfte in den ersten Ehemonaten ihr sonst so lebhaftes Wesen.

»Man braucht ein wenig Zeit, bis man sich aneinander gewöhnt hat«, meinte Bapak Asril beiläufig zu Damjan. »Deine Mutter und ich ...«, wollte er fortfahren, brach aber unvermittelt ab. Das waren Dinge, die Eltern nicht mit ihren Kindern besprachen. Die Jungen würden ihren Weg schon allein finden. Aber eines hoffte er, daß er nicht allzulang auf einen Enkel werde warten müssen. Asril, der ohnehin seinen eigenen Weg gehen wollte, war fort. Kein Mensch wußte, wo er sich aufhielt. So hatte Bapak Asril seine Hoffnung beinahe aufgegeben, noch Enkel zu verwöhnen, bevor er starb.

Ähnlich erging es Mama Asril. Sie war voller Freude, eine Tochter im Haus zu haben. Die beiden Frauen verstanden einander und schlossen sich sogleich zusammen. Zur Entlastung ihres überfüllten Elternhauses hatte Rusmini zwei jüngere Geschwister mitgebracht, die überall mithalfen. Nebenbei lehrte Rusmini sie lesen. So kam Mama Asril doch noch irgendwie zu Enkelkindern, was sie sichtlich genoß.

Die Verantwortung für den größer gewordenen Haushalt lastete nun in erster Linie auf Damjan. Mit Bapak Asrils bedauernswertem Zustand hatte man sich abgefunden.

Sie pflanzten und hackten. Doch der rote Boden gab nur widerwillig etwas her, und das meiste der mageren Ernte landete in den Mägen der Aufständischen.

Eines Nachts sagte Mama Asril: »Mir wird das Herz schwer. Ich bin ganz ausgetrocknet.« Sie grub ihre Bibel aus. »Damjan, lies mir vor, bitte. Meine Augen sind schwach geworden.« Damjan las im flackernden Kerzenlicht einige Stellen stockend vor, die Mama Asril seinerzeit angestrichen hatte. Rusmini half ihm dabei.

»Wie kann man auch nur das Lesen verlernen?« dachte er nachher. Für Kinder wie Rusminis Geschwister, die wohl kaum die Anfangsgründe erfaßt hatten, als die Aufständischen ihre Schule vorzeitig beendeten, waren die Aussichten schlecht. Viele alte Leute waren Analphabeten. Sie wuchsen auf, bevor Lehrer kamen. Darum schätzten sie es, wenn ihre Kinder lesen und schreiben lernten. Damjan dachte an Rumits Schule, wo jetzt die Aufständischen hausten. Würde es wohl wieder neue Analphabeten geben? Wann endlich würde der Kampf um eine freie Republik entschieden sein? Abermals fühlte sich Damjan elend, hilflos und mit Füßen getreten.

Immer, wenn die Ernte vorbei gewesen und man nicht mehr täglich in die Pflanzung hinaufsteigen mußte, schaute Mama Asril zum nächsten Haus hinüber. Hing dort beim Eingang ein Bündel Maiskolben, war der Nachbar tauschbereit. So war es auch jetzt. Merkwürdig war allerdings, daß die Blätter des Bündels nicht mehr grün, sondern braun und trocken waren. Ihre Nachbarn waren kaum noch oben auf dem Acker. Die Ernte war auch für sie vorbei.

Mama Asril ging zum Kücheneingang und grüßte laut. Keine Antwort. Nun erklomm sie die Leiter. Als sie die Türe berührte, ging sie auf. Es fuhr ihr kalt über den Rücken. Das Haus war leer. Ihre guten Nachbarn, mit denen sie Sago gewonnen hatten, Bapak Asrils häufiger Gefährte beim Einholen von Rattan, hatten die gefährliche Flucht durch Busch und Dschungel angetreten. Das Haus sah nicht verlassen aus. Sogar der rote Sittich war noch da, angekettet an seiner Stange. Er begann jämmerlich zu schreien. Sie hatten weder getauscht noch irgend etwas verlauten lassen. Ihre Flucht sollte geheim bleiben. Im Gestell über der Feuerstelle war Mais zum Trocknen, daneben ein Behälter mit frischem Sago. Mama Asril nahm alles mit, auch den Vogel. Das war im Sinne ihrer Nachbarn, dessen war sie gewiß.

In diesem Monat verschwand noch eine andere Familie. Mit jedem verlassenen Haus vertiefte sich Damjans Niedergeschlagenheit. Er litt unter dem Doppelleben, zu dem er gezwungen war, und einen Ausweg aus seinem inneren Chaos und Aufruhr sah er nicht, es sei denn, er zöge ebenfalls nach Norden.

Aufbruch

Im neugerodeten Acker säte Damjan Mais. Dabei ging er stetig vorwärts, stach mit seinem Stecken Löcher ins Feld, die er fortwährend mit Körnern belegte. Doch mit seinen Gedanken war er ganz woanders. Punkt für Punkt dachte er seinen Fluchtplan durch. Entscheidungen waren ihm noch nie leicht gefallen, und dieser Entschluß schon gar nicht. Die Flucht durch den Dschungel nach Norden erschreckte ihn. Immer wieder probte er auch, wie er es Rusmini und – was noch schwieriger war – den beiden Familien beibringen wollte.

Plötzlich hielt er inne und stutzte. Dort, wo der Pfad aus dem Busch kam, hatte sich etwas bewegt. Ihm fuhr es kalt über den Rücken. Seine Kopfhaut zog sich zusammen. Er stand still und musterte das Gelände. Irgend jemand beobachtete ihn. Das spürte er. Hier, auf dem offenen Feld, war er völlig ungeschützt. Er schwang seinen Maissack über die Schulter und stapfte wie von ungefähr durch die verkohlten Holzhaufen, wobei er dem Rand des Ackers zusteuerte. Er wollte wie absichtslos zur verdächtigen Stelle gelangen.

Abermals überkam ihn das bestimmte Gefühl, dort müsse etwas sein. Er griff nach dem Parang an seiner Seite. Als er zwischen Bäumen in Deckung ging, betrat eine ihm bekannte Gestalt den Pfad und kam auf ihn zu. »Asril?« murmelte er unsicher, und sein Herz begann wild zu klopfen. War das denn überhaupt möglich? Der Fremde hatte keinen Parang. So ließ Damjan auch den seinen los und kam hervor. Und dann erhellte sich sein Gesicht. Tatsächlich, es war Asril. Doch sah er viel älter aus – und *dünn* war er! Eine Welle von Wärme erfaßte ihn. Erst jetzt wurde ihm so richtig bewußt, wie stark die Bindung an seinen Bruder war.

»Asril, du?!« schrie er und rannte ihm entgegen. »Wo warst du? Wir hatten dir oben Eßwaren hingelegt, aber sie blieben unberührt. Wir dachten, du seiest tot.«

»Das war ich auch beinahe.«

»Haben sie dich geschnappt?«

Asril nickte. »Und geschlagen – zweimal. Da, schau her!« Er zog sein Hemd hoch.

Schaudernd befühlte Damjan scheu die höckrigen Narben, die den Rücken ganz überzogen. Gerne wäre er weiter in Asril gedrungen, doch dessen unveränderte Wortkargheit hemmte ihn. Zudem spürte er, daß man über solche Erlebnisse wohl besser schwieg. »Von wo bist du nun gekommen?«

»Von Malili.«

»Malili! Aber . . .?« forschte Damjan weiter.

»Nachdem mich die Aufständischen so zugerichtet hatten, war ich mehr tot als lebendig. Warum sie dann nicht mehr kamen, um mich endgültig fertig zu machen, werde ich wohl nie erfahren. Es gab dort eine Gefangene, eine der Unsrigen, die für die anderen kochen mußte. Sie pflegte mich, bis ich wiederhergestellt war.

Eines Tages, als alle irgendwo beim Plündern waren, stahl sie für mich einen Parang, gab mir etwas zum Anziehen und half mir bei der Flucht. Sie zeigte mir die Richtung zur Hauptstraße. Hierher zurückzukommen, getraute ich mich nicht.« Ein entschuldigendes Lächeln huschte über sein Gesicht. »So lief ich eben nach Malili. Dort ist die Verstärkung der Armee.«

»Das haben wir gehört. Und dann?«

»Für die Armee blieb unentschieden, ob ich nun einer der Ihren sei oder ein weggelaufener Aufständischer«, meinte Asril verschmitzt.

»Und deine Narben waren kein Beweis?«

»Es ist eben schwierig für die Armee«, fuhr er fort. »In

Malili wimmelt es nur so von undurchsichtigen Leuten. Die Armee kann nicht einmal ihren eigenen Truppen trauen. Die Führung hätte liebend gern verläßliche Informationen. So empfingen sie mich in Malili unter der Bedingung, daß ich das von den Aufständischen besetzte Gebiet auskundschafte. Es gab auch andere, die dazu bereit waren.«

»Aus unserem Volk?«

»Einige. Dazu kommen noch jene Feinde, die sich den Regierungstruppen ergaben, weil sie etwas auf dem Kerbholz haben. Wer bei den Aufständischen mit einer Frau erwischt wird, verfällt der Todesstrafe. Die Armee nimmt solche Leute aber nur auf, wenn sie zur Spionage bereit sind.«

»Die kennen sich natürlich am besten aus.«

»Ja! Zwischen zwei Feuern gefangene Verräter können nützlich sein«, meinte Asril, grimmig auflachend.

»So zählt man dich also zu denen?«

»Natürlich, ist mir aber egal. Nachdem wir die Baracken heimlich verlassen hatten, machten wir Schlagzeilen in der Presse. Im Leitartikel hieß es, wir seien zum Feind übergelaufen.«

Damjan hörte ungläubig zu. Als er dann aber die Zusammenhänge erfaßt hatte, war er zustiefst beunruhigt. »Es ist höchst gefährlich, wenn du dich bei hohem Sonnenstand an diesen Berghalden aufhältst«, warnte er Asril. Doch der setzte sich auf den Boden und forderte Damjan auf, es ihm gleichzutun. »Damjan, ich bin nur deinetwegen gekommen. Komm mit mir zurück.«

»Nach Malili?« Damjan hielt Asrils Blick nicht aus und schaute auf den Boden. »Was gibt es dort in Malili? Wohin könnten wir gehen, abgesehen vom Meer?«

»Wir könnten der Armee helfen«, erwiderte Asril herausfordernd. »Wir kennen unser Land. Bis unsere Regierung die Oberhand gewinnt, wird es hier noch schlimmer werden. Und ausgetragen wird alles auf dem Rücken unseres Volkes.«

»Asril, ich . . . wir sind daran, unsere Flucht nach Norden vorzubereiten.«

»Mama und Bapak?«

»Nein. Ich habe eine Frau – Rusmini. Wir möchten noch die Ernte abwarten. Und dann, wenn unser Kind geboren ist . . .« In Damjan, der auf den Boden starrte, jagten sich die Gedanken.

Doch Asril packte, ohne mit der Wimper zu zucken, Damjans Arm und nötigte ihn aufzublicken.

»Das geht nicht, das kann ich nicht zulassen! Zu viele Familien sind in dieser Richtung auf der Strecke geblieben. Vielleicht ist es einigen geglückt, doch wer weiß das schon! Die meisten sind umgekommen, das ist gewiß.«

Asrils Eindringlichkeit traf tief. »Woher weißt du das? Wo ist Marthas Familie?«

»Martha und ihr Vater sind tot. Martha hätte sich nie dazu hergegeben, die Frau eines Aufständischen zu werden. – Ihr eigenes Grab mußten sie schaufeln!« Asril verbarg sein Gesicht in den Händen.

»Und wer hat es dir gesagt?«

»Ich habe es mitgehört, als ich gefangen war«, kam es dumpf zurück.

Schmerz und Mitgefühl für seinen Bruder ließen Damjan für eine Weile verstummen. »Und Ibu Rumit und die Kinder?« fragte er schließlich.

Asril hob den Kopf. »Sind irgendwo in einem Lager. Das ist es ja, warum ich dich holen will. Du wirst dich nie damit abfinden – ich meine mit dem Leben hier –, das weiß ich doch. Und dann bleibt eines Tages nur die Flucht. Das war mir schon immer klar. Gott sei Dank bin ich rechtzeitig gekommen!«

Damjan brachte kein Wort über die Lippen. So saßen sie

stumm da, jeder mit sich selbst beschäftigt. Asrils Gedanken kreisten um Martha, die ihn so sehr angezogen hatte. Monate waren verstrichen seit ihrem Tod. Wo war sie? Wohl irgendwo im Norden im großen Dschungel. Dort mußten der Lehrer und seine Tochter Seite an Seite liegen. Der erneut bohrende Schmerz ließ ihn beinahe neidisch werden. Wenigstens waren sie nicht den Wildschweinen ausgesetzt, wie die auf der Flucht Erschossenen. Und außerdem lebten die beiden. Martha war nun ganz in Gott geborgen. Und je länger er darüber nachdachte, desto gewisser war er: In jenem unvergeßlichen, geheimen Gottesdienst in Rumits Haus hatte sie den Herrn gesehen und zu ihm gesprochen.

Damjan beschäftigte seine baldige Vaterschaft. War es nun Wahnsinn oder gebotene Vernunft, Rusmini mit ihrem ungeborenen Kind einem solchen Risiko auszusetzen? Bot Asrils Meinung genug Sicherheit, daß dies der einzig richtige Weg war?

Rasch begann die Sonne zu sinken, und der Schattenriß der Bergkämme markierte die westliche Talgrenze. Oben auf dem Berg versteckt, hatte Asril die ganze Zeit über hungernd ausgehalten. Sich ins Tal zu begeben, wäre unklug gewesen. Dort oben würde er auch auf Damjans Entscheidung warten. Bis dahin sollte ihn Rusminis Bruder versorgen.

»Und was geschieht mit meiner Frau?«

Damjans Frage überhörend, mahnte Asril scharf: »Wir müssen bald weg, in wenigen Tagen, solange noch Neumond ist! Ich habe versprochen, zurückzusein.«

Darauf trennten sich die Brüder. Damjan zog talwärts, ins Dorf zurück, innerlich aufgewühlt und unsicher. Wiederum hatte er eine Entscheidung vor sich. Seine Seele duckte sich, als stünde sie einem Feind gegenüber. Immerhin war er jetzt vom Fluchtweg Richtung Malili überzeugt. Während des ganzen Marsches ließ ihn der Gedanke nicht los, wie Rusmini diese Änderung ihrer Pläne wohl aufnehmen werde.

»Du wolltest doch nach Norden gehen. Jetzt willst du nach Süden! Schau mich mal an!« Rusmini saß auf der Veranda. Ihre Hände lagen auf dem gewölbten Bauch. »Ich werde *nirgendwohin* gehen!«

»So! Du willst also dort bleiben, wo Mama dir alles besorgt und dich verwöhnt«, meinte er gereizt.

»Natürlich! Warum nicht? Du verstehst überhaupt nichts!« Und immer lauter werdend: *»Willst du etwa kein gesundes Kind? Oder macht es dir nichts aus, wenn es stirbt? Ihr Männer habt ja wirklich keine Ahnung!«* – was bei Damjan zutraf. *»Ich gehe nirgendwohin, du kannst von mir aus gehen, wenn du willst!«* warf sie ihm beinahe schreiend an den Kopf.

»Rusmini, überleg dir das doch. Bitte!« mahnte er sie eindringlich. »Wir gehen ja um des Kindes willen. Soll man hier ein Kind großziehen, das nichts von Gott weiß?« Und im stillen dachte er: »Wie könnte man auch einem Kind von Gott erzählen, wenn man öffentlich etwas anderes bekennt und im Herzen ein heilloses Durcheinander herrscht?«

An diesem Tag war Damjan elend zumute. Mit Asrils Auftauchen hatten sich verdrängte Sehnsüchte plötzlich wieder gemeldet. Sie nagten an seinem Gewissen, beschleunigten aber seine Entscheidung. Er mußte weg! Lieber sterben, als hier auf der Stelle treten und die Wahrheit verschleiern. Er war zwar nicht sicher, ob er wirklich begriffen hatte, worin diese Wahrheit bestand. Was Pfarrer Josef sie gelehrt hatte, war verblaßt und weit weg. Damjan erinnerte sich nur noch, daß er diese Wahrheit zu bekennen hatte. Täte er das hier – es wäre sein Tod. Dann würden Frau und Kind, falls sie am Leben blieben, vom Islam geschluckt. Diese Unwiderruflichkeit stellte Damjan vor die entscheidende Frage seines Daseins.

Rusminis Haltung hatte ihn erschüttert.

»Gewiß, es ist immer dasselbe«, meinte sie, nun wieder gefaßter. »Solange du religiös bist und tust, was sie verlangen . . .«

»Was kommt ihr nur in den Sinn?« fuhr es ihm durch den Kopf. »Rusmini, ich könnte mich scheiden lassen, weil du mir nicht gehorchst.«

Sie fuhr zusammen. »Du scherzt wohl«, meinte sie und dann spöttisch: »Und wo sind die Wasserbüffel? Die haben die Aufständischen doch alle verschlungen!«

»Wir haben nach islamischem Recht geheiratet, vergiß das nicht. Ein Brief genügt!« konterte er kurz und knapp.

Rusmini begriff. Seine Strenge war ungewohnt. Ihr Herz begann zu pochen. Eine merkwürdige Angst überkam sie. »Damjan, du wirst doch nicht . . .« Doch seine Augen verrieten ihr das Gegenteil. So wenigstens deutete sie seinen kummervollen Blick. Mehr wollte sie nicht hören. Sich beide Ohren zuhaltend, rannte sie schreiend ins Haus. Die ganze Unsicherheit wegen des Heiratsvertrages samt der nur halbherzig vollzogenen Hochzeit überwältigte sie.

Damjan blieb unschlüssig stehen. Nun hatte er mit seinem stümperhaften Vorgehen wohl alles verpfuscht.

Doch Mama Asril erfaßte die Lage und nahm sich ihrer Schwiegertochter an. »Rusmini, mein liebes Kind, du mußt doch froh sein«, begann sie ihr einige Stunden später zuzureden, »froh, an einen vorbereiteten Ort gehen zu können, und zwar jetzt, wo man noch planen kann, nicht erst dann, wenn man verfolgt wird und womöglich irgendwo im Dschungel gebären muß. Wieviel leichter ist es doch, das Kind noch unter dem Herzen und nicht auf dem Rücken zu tragen. Und ein schreiendes Kind im Dschungel kann den Untergang einer ganzen Familie bedeuten«, schloß sie überzeugend.

Rusmini gestand ihre Angst vor einer Flucht, die ja nur im Schutz der Dunkelheit möglich war. »Dann kommen doch die bösen Geister, die die Schwangeren riechen, Mama!« Sie griff unwillkürlich an den Hals, wo ein Bündelchen scharfer Bambussplitter hing, seit sie in Erwartung war. Alle Frauen sagten, das sei ein Schutz gegen den Bösen.

»Gottes Geist wird mit dir sein«, erwiderte Mama Asril nachdrücklich. »Du *mußt* diese Gelegenheit ergreifen. Vertraue Gott. Er wird dich beschützen.« Und so setzte sie sich durch. Noch am selben Abend übergab Rusmini ihr Amulett dem Küchenfeuer.

Ein Bündel Kleider, zwei Kilogramm Reis, zwei Blätterpakete mit gekochtem Reis, das war alles, was für eine Person mitgenommen werden konnte. Zuerst weigerte sich Damjan. Sie gingen doch zur Armee, wo alles vorhanden war. Die Zurückbleibenden, Mama und Bapak Asril sowie Rusminis jüngere Geschwister hingegen, brauchten diesen Reis. Selber nur Sago zu essen, um den Reis weitergeben zu können, war doch ein unzumutbares Opfer. Aber Mama Asril war unnachgiebig. Jeder kannte ihre Auffassung: Sago war nichts für Reisende. Er läge ihnen wie Blei im Magen. Sie müßten aufgeben, noch bevor sie den Sattel über Wandula erreicht hätten.

Rusmini kochte den Proviant, während Mama Asril einen alten Sarong auftrennte und zwei kleine Beutel nähte. »Geheimwaffe«, nannte sie das, nachdem sie roten Pfeffer zu Pulver gestoßen, mit Holzasche vermischt und dann abgefüllt hatte. Mamas Findigkeit entlockte Rusmini ein Schmunzeln. »Trag es immer um den Hals«, wurde sie angewiesen. »Kommt dir der Feind zu nahe, dann schmeiß ihm davon in die Augen. Das brennt höllisch, und er wird dich unweigerlich loslassen.«

Am letzten Tag griffen sie zu ihren Bambusflöten und

erfüllten das Haus mit Musik. Mama Asril war selig. Die Melodien würden lange in ihrem Herzen bleiben. An diesem Abend wurde es ernst. Der Abschied konnte nicht mehr aufgeschoben werden.

»Mama, Bapak, wir kommen wieder, für euch«, sagte Damjan; nicht ohne Grund, denn Asril hatte ihm etwas von Plänen der Armee anvertraut, die Bevölkerung in den von den Aufständischen besetzten Gebieten zu befreien.

Doch Mama Asril schüttelte nur den Kopf. Bapak stand stumm hinter ihr, mit einem Gesicht wie eine Maske, die Augen leer und trostlos. »Bapak wird diesen Ort nicht verlassen. Seine Angehörigen sind hier begraben. Mama muß bei ihm bleiben«, erwiderte sie. Und zu Damjans unverhohlenem Kummer meinte sie sanft: »Es macht nichts. Wir haben unser Leben gelebt.« Dann drückte sie ihrem Sohn ihr Neues Testament in die Hand. »Nimm es. Meine Augen sind ohnehin zu schwach geworden. Schon seit zwei Jahren kann ich nicht mehr darin lesen.« Und als er protestierte, drängte sie: »Es nützt dir mehr als mir. Was wichtig ist, habe ich hier«, wobei sie auf Stirn und Herz wies.

»Und du, mein Kind«, wandte sie sich an Rusmini, umarmte sie und berührte ihren gewölbten Leib. »Denk daran, mein Großkind soll nicht aufwachsen, ohne unseren Herrn Jesus zu kennen.«

Die Stimme versagte Rusmini. Ihre Gemütsbewegung verbergend, drehte sie sich um und machte sich an ihrem Sarong zu schaffen. Damjan schwang sich das Bündel mit den paar Habseligkeiten und dem Proviant über die Schulter. Bapak Asril blies das Licht aus. Ihr Weggang sollte unbemerkt bleiben. Lautlos bewegten sie sich die Leiter hinunter und gingen zur Straße, wo die schwarze Nacht sie verschluckte.

Obwohl nichts mehr zu sehen war, blieben Mama und Bapak Asril eine Zeitlang stehen. Unverwandt blickten sie dorthin, wo die beiden, ihre Zukunft mitnehmend, im Dunkeln verschwunden waren. Schließlich zogen sie sich zurück. Drinnen begann Mama Asril still zu weinen, als ob sie Tote beweinte.

Wolken dämpften das Licht der Sterne. Das leise Geräusch nackter Füße auf fester Erde genügte, und schon lösten sich aus dem Dunkeln zwei Gestalten, Asril und sein Begleiter. Sie empfingen Damjan und Rusmini dort, wo der Buschpfad in die Straße mündete. »Das ist Hen«, flüsterte Asril, »kein davongelaufener Spion, er gehört zu uns.«

Nun ging es den gewundenen Pfad hoch, bis zur Wasserscheide oberhalb von Wandula. Ins benachbarte Tal hinabsteigend, durchquerten sie eine verlassene Pflanzung. Dort bedienten sie sich mit jungen Kokosnüssen, die sie in ihr Tagesversteck trugen und dort mit dem Parang aufschlugen. Sie ließen sich nieder und genossen die erfrischende Kokosmilch. Bis Tagesanbruch waren die vier lautlos und unentdeckt gewandert. Jetzt ruhten sie bis Sonnenuntergang in der kühlen Lichtung und schliefen abwechselnd. Sie taten so, als ob es ein Picknick wäre, um Rusmini ein Lächeln zu entlocken.

Asril kannte nicht nur alle Wachtposten der Aufständischen bis nach Malili, sondern auch sichere Umwege. Allerdings mit einer Ausnahme, wo es kein Ausweichen gab. »Das müssen wir nun durchstehen, da führt kein Weg vorbei«, flüsterte er. Sie hatten bereits die Hälfte der zweiten Nacht hinter sich. Zur Umgehung einer schlafenden, in der Mitte des Tales liegenden Siedlung waren sie durch Sumpf und Gestrüpp gekrabbelt, bis sie wieder die Straße erreichten. Nun wurde das Tal enger. Asril wies auf das Ende, wo die beiden bewaldeten Hänge zusammenliefen. Im fahlen Licht der Sterne waren sie noch knapp zu erkennen.

»Dort führt die Straße durchs Loch. Sie wird von einem

Wachtposten kontrolliert. Die Schlucht ist eng, im Wasser gibt es Stromschnellen, aber das Tosen wird uns helfen.« Und dann flüsternd zu Rusmini: »Du mußt hier allein warten!«

Ihr schlug das Herz bis an den Hals. Zum Glück war es dunkel. So mußte sie keinem forschenden Blick standhalten.

»Glaubst du, das geht?« hörte sie Asril besorgt fragen.

»Ich glaube schon«, meinte sie beherzt, wenn auch nicht eben kraftvoll.

Seitwärts im Dschungel, umgeben von ihren paar Habseligkeiten, wartete Rusmini nun in einem Versteck, während die Männer mit ihren Parangs bewaffnet weitergingen – bereit, es mit jedem Gegner aufzunehmen. Dank der Sterne gab es auf der Straße wenigstens ein fahles Licht.

Unter dem Baldachin des Dschungels hingegen sah man kaum etwas. Rusmini hockte unbehaglich auf ihrem Bündel. Dabei überkam sie neue Angst. Ihre Furcht vor Geistern im Dschungel war abgeklungen. Dafür beschäftigte sich ihre Fantasie jetzt mit dem Geschehen beim Wachtposten. Was passierte, wenn die Männer nicht mehr zurückkamen? Sie betastete das kleine Bündel, das an ihrem Hals hing, ihre »Geheimwaffe«. Das war nicht viel, aber notfalls müßte sie handeln. Würde sie im Dunkeln auch richtig treffen? Beim leisesten Geräusch lauschte sie angespannt, hörte aber keinen menschlichen Laut. Nur irgendwelche Nachttiere machten sich bemerkbar. Eine Fledermaus taumelte an ihrem Gesicht vorbei. Sie duckte sich instinktiv. Nachher blinkten plötzlich tanzende Lichtpünktchen durch das Dunkel – ein Schwarm Glühwürmchen, der sie für kurze Zeit tröstete. Als sie verschwanden, war es dunkler und stiller als zuvor. Rusminis Augen füllten sich mit Tränen. Noch nie in ihrem Leben hatte sie sich so einsam gefühlt.

Die Zeit wurde ihr unendlich lang. Ihre Hände klebten von Schweiß und rangen fortwährend miteinander, bis sie sich schließlich faßte. An einen Stamm gelehnt, faltete sie die Hände über ihrem prallen Sarong und spürte sogleich einen Stoß. Ihr Herz machte einen Sprung. Andächtig befühlte sie ihren runden Bauch. Wie behaglich reiste ihr Kind nun in die Sicherheit! Es mußte nicht vor Hunger schreien, und ihr Aufenthalt blieb unentdeckt. Wie klug Mama Asril ihr doch geraten hatte! Rusmini schämte sich ihrer Angst. Die Herausforderung, dieses neue Leben zu beschützen, durchströmte sie prickelnd und gab ihr neuen Mut.

Doch nun schreckte sie etwas anderes. Erneut lauschte sie, hellwach. Ein menschlicher Laut ließ sie erstarren! Wiederum packte sie unsinniges Entsetzen. Sie biß in ihre Faust und unterdrückte einen Schrei. Doch dann erkannte sie die leise gesummte Melodie eines Liedes:

»Durch die Lichtung und durch Wald,
über Berge und durchs Tal,
geh' ich furchtlos allzumal,
ist doch Gott mein Schutz und Halt.«

Es war Damjan! Rusmini nahm ebenso leise die Melodie auf, und in Sekundenschnelle waren sie wieder zusammen. Zu fragen, was geschehen war, brachte sie nicht über sich. Einzig ein Seufzer unaussprechlicher Erleichterung entfuhr ihr, als sie hörte, daß die Reise fortgesetzt werde. Sie hoben ihre Bündel auf und machten sich still auf den Weg.

Noch bevor der dritte Morgen anbrach, versteckten sie sich in einem Sago-Sumpf in der Umgebung von Malili. Bis dahin hatte Rusmini nichts von einem Feind gesehen. Asril frohlockte.

Die Regenzeit hatte begonnen. Im Sumpf wurde das Wasser sichtbar. Die Morastlöcher begannen sich zu füllen.

Hen führte sie und erprobte den besten Weg mit einem langen Bambusstecken. Damjan und Asril folgten, wobei sie Rusmini in der Mitte führten und manchmal halbwegs trugen. Gleichzeitig hielten sie Ausschau nach einer trockenen Stelle zum Rasten. Rusmini fühlte sich geschützt. Wenn die beiden nur nicht so schnell gingen! Oft stolperte sie und wäre gefallen, hätte man sie nicht festgehalten.

»Oh! Oh! Langsam! Schüttelt mich nicht so!« Ihr wurde angst und bange, das Kind könnte in eine falsche Lage geraten. Oh, wäre sie doch nur unter dem kühlen Blätterdach des Dschungels, wo man sich überall ausstrecken und ruhen konnte. Hier, wo es feucht war, gab es nicht einmal einen Platz zum Sitzen.

»Jetzt sind wir wohl nahe genug, was meinst du?« brummte Hen.

»Es kann nicht mehr weit sein bis zur Straße«, vermutete Asril, während er sich erfolglos nach einer trockenen Stelle umsah. Schließlich gingen sie einfach in die Hocke und warteten, daß es hell wurde. Doch nur ein trübes Licht kroch durch den Sumpf. Allmählich wurde das dunkle Wasser mit den strammen Sagostämmen sichtbar.

Rusmini empfand diesen Ort als unheilvoll und sehnte sich weg von hier, selbst wenn woanders neue Gefahren drohten. Ihr Rücken schmerzte immer stärker! Wenn nun die Wehen kämen, müßten beide sterben, sie und das Kind.

Asril erklärte, wie sie sich verhalten mußten, wenn sie in der Stadt ankamen. Er entnahm seinem Bambusköcher eine Fackel und steckte sie in Brand. »So gehen wir vorwärts. Das ist das vereinbarte Zeichen. Erschreckt nicht, wenn auf uns geschossen wird. Das ist Deckungsfeuer zu unserem Schutz.« Dann sah er der Reihe nach jedem in die Augen: Hen, der vor Schmutz starrte, weil er verschiedene Male gestürzt war; dann Damjan, der entschlossen, mit aufgerissen Augen seinem Blick standhielt; und schließlich Rusmini, deren Hände zitterten. Wenn sie jetzt nicht schnell aufbrachen, könnten ihr die schwabbligen Knie den Dienst versagen.

Sie erhoben sich, lockerten ihre verkrampften Muskeln und wateten aus dem Sumpf hinaus auf die Straße zu. Obwohl es noch nicht sieben war, verbreitete die Sonne bereits eine stechende Wärme, als die Vier mit hocherhobener, rauchender Fackel das Blickfeld der Kasernenwache erreichte.

Ein Schuß krachte! Und sogleich knatterte es wie von allen Seiten. Rundherum wirbelte Staub hoch. Sie standen still. Doch Asril trieb sie an und kommandierte unnachgiebig und hart: »Vorwärts! Bewegt euch!« Er schwang seine Fackel hin und her. Wild wand und schlängelte sich der Rauch. Jetzt begannen sie zu rennen. Rusmini spürte an einem Arm den harten Griff ihres Mannes, den andern legte sie schützend über die Augen. Mit seinem freien Arm hielt Damjan sie dort, wo ihr Umfang es noch zuließ. Von der Bewegung seines Körpers getragen, berührten ihre Füße kaum noch den Boden. Sie rannten um ihr Leben, bis sie atemlos, doch unverletzt, ins Hauptquartier der Indonesischen Armee stolperten. Dort wurden sie freundlich empfangen und dann von Asril in seine Unterkunft geführt.

Die Truppenführung machte sich ein Bild von der Lage, indem sie die Nachrichten ihrer Kundschafter auswertete. Etappenweise sollten die in Nuha Gebliebenen gerettet und nach Malili gebracht werden. In den folgenden Wochen kam es ständig zu Scharmützeln mit den Aufständischen. Dabei gerieten immer wieder Teile der Bevölkerung zwischen die Fronten. Die Aufständischen kämpften verbissen und waren nicht leicht zurückzuschlagen. Die Regierungstruppen kamen in rauchende Ruinen niedergebrannter Dörfer, deren Bewohner in ihre hochgelegenen Pflanzungen oder in den alles umarmenden Dschungel geflüchtet waren, immer in der Hoffnung, dort irgendwie zu überleben.

Flüchtlinge aus dem ganzen Südland begannen nach Malili zu strömen. Bald wußte man nicht mehr, wie sie noch untergebracht werden sollten. Dennoch kamen jeden Tag neue. Gruppen trafen in der Regel nachts ein, meistens von Armeeangehörigen begleitet. Rusmini ging regelmäßig zum Sammelplatz. Sie suchte nach Leuten aus Wandula und hoffte, Verwandte zu treffen. Doch so oft sie auch die Reihen von erschöpften, ausdruckslosen Gesichtern musterte, stets wurde sie enttäuscht.

Zu den Leidtragenden gehörten vor allem junge Familien. Rusmini wandte sich besonders einer jungen Mutter zu. Auf ihrem Rücken schlief ein Kind im Baso. Ein anderes hatte sie sich in einem Tragetuch über die Brust gebunden und unter dem Herzen trug sie das dritte. Der Baso ihres Mannes, der größte, den Rusmini je gesehen, war mit Lebensmitteln und ein paar Habseligkeiten beladen, die sie noch schnell hatten zusammenraffen können. Drei lange Nächte waren sie marschiert, im Regen und im Nebel, kaum rastend. Stumm standen sie hier, naß, schmutzig, völlig erschöpft. Schließlich kamen sie in ein Lager.

Wie Rusmini später erfuhr, stammten sie aus einem Dorf am Rande des Towuti-Sees. Die Schwester der Frau hatte sich mit ihrem Mann auf einer Insel vor den Aufständischen versteckt. Als dann die Armee eingetroffen war, konnten die Dorfbewohner unter ihrem Schutz nach Malili ziehen. Die Schwester jedoch blieb mit ihrer Familie zurück. »Sie ist schwanger wie wir beide«, sagte die junge Frau mit dem Anflug eines Lächelns. »Und wie bei uns, ist es auch bei ihr bald soweit.«

Verwaiste Kinder trafen ein. Die einen hatten ihre Eltern im allgemeinen Getümmel verloren, als die Aufständischen sich zurückzogen. Bei andern war die Mutter während der Flucht an einer Geburt gestorben. Als Rusmini das hörte, war sie Asril zutiefst dankbar. Er hatte ihren Mann aufgesucht und ihn von der Notwendigkeit einer sofortigen Flucht überzeugt. Wie war sie doch voller Angst gewesen, wie schwer hatte sie es ihnen gemacht! Das alles wollte sie ihm gelegentlich sagen.

Die Versorgung der Flüchtlinge mit Lebensmitteln war von Anfang an ein Problem. Die jedem zugeteilte Menge war unzureichend. Die Flüchtlinge aus dem Landesinnern waren Bauern. Deshalb fanden sie hier am Meer keine Arbeit und kein Einkommen. Mit dem Anschwellen des Flüchtlingsstroms verschärfte sich die Versorgungskrise im Lager. Allein für die Beschaffung des Essens mußten die hungernden Familien ihre ganze Energie und Findigkeit aufbieten.

Rusmini und einige andere Frauen, die sie kennengelernt hatte, sammelten in den Sagosümpfen der Umgebung Kangkung, wodurch sie allerdings in die Reichweite feindlicher Heckenschützen gerieten. Andere suchten trotz der Gefahr im Dschungel nach Rattan, den sie gegen Reis verkaufen wollten. Gelang das nicht, weil es keinen Reis auf dem Markt gab, aßen sie von den jüngeren Rattan-Schößlingen. Wieder andere wagten sich aus schierer Verzweiflung heimlich in ihre zusammengeschossenen Dörfer zurück und holten, was sie an Nahrung in ihren Pflanzungen gelassen hatten. Sicherheitshalber gingen sie nur einzeln und kamen oft auch völlig allein um.

In Malili hatte der Fischgeruch schon immer über der Stadt gestanden. Nun stank es auch noch nach Urin und nach dem Schweiß der vielen, die auf engem Raum zusammengepfercht waren und sich nirgends waschen konnten.

Ruhr und Malaria gingen um. Alles, auch die mangelhafte Speise, wirkte lähmend.

Während dieser Wochen sah Rusmini wenig von ihrem Mann. Damjan, Asril und wer immer konnte, half der Armee bei ihren ausgedehnten Rettungseinsätzen. Weil die aus den Dörfern geflüchteten Leute in ihren hochgelegenen Pflanzungen und im Dschungel verstreut lebten, brauchte es viel Zeit, bis man alle gefunden hatte und sicher war, daß niemand übersehen wurde.

Rusmini wußte, die Monate ihrer Schwangerschaft gingen zu Ende. Unter den Flüchtlingen kannte sie eine Mutter, die von einer Missionarin in Geburtshilfe unterwiesen war. Sie hatte auch hier im Lager schon vielen beigestanden.

»Soweit mein Wissen genügt, werde ich gerne helfen«, versprach sie. Sie tastete Rusminis Unterleib sorgfältig ab und sagte dann geheimnisvoll: »Der Kopf des Kindes ist eingetreten. In ein paar Wochen werden Sie gebären. Wenn es Zeit ist, rufen Sie mich.«

»Bis dahin bin ich zurück«, hatte Damjan ihr fest versprochen, als er mit einer Armeepatrouille weggegangen war. Die Tage vergingen. Noch war er nicht wieder da. Es kam auch keine Nachricht. Abgesehen von einigen abscheulichen Gerüchten hörte sie nichts. Es gab immer wieder Leute, die nicht mehr zurückkehrten. Ob Damjan verfolgt wurde, sich irgendwo versteckte oder gar tot war, wußte sie nicht. Gewiß war nur eines: Die Geburt ließ sich nicht aufhalten. Zu einer solchen Zeit bedeutete die Geborgenheit in der Familie alles. Aber von Rusminis Leuten war niemand da, nicht einmal Damjan.

Ihre überfüllten Baracken hatten einst als Schule gedient. Gemauerte Wände waren zum Teil durch einen luftigeren Abschluß aus Bambusstäben ersetzt worden. Im einstigen Klassenzimmer, wo Rusmini war, hatten die Familien die einzelnen Flächen unter sich verlost. Für die Unterteilung spannten sie von Wand zu Wand Rattan-Schnüre. War ein Sarong entbehrlich, wurde er dort als Vorhang befestigt. Andernfalls legten die Bewohner einfach ihre Matten aus und gruppierten ihren spärlichen Besitz rundherum. Wer kam oder ging, stieg behutsam über schlafende Kinder. Über allem aber lastete Schweißgeruch, der das ganze Gebäude durchdrang.

Rusmini, die zu den ersten Ankömmlingen gehörte, hatte sich den Platz in einer Ecke sichern können. Drehte sie sich gegen die Wand, so war sie ein klein wenig abgeschirmt. Und als Schutz gegen die tiefstehende Nachmittagsonne, die durch die Bambusstäbe brannte, hatte die freundliche Nachbarin sogar einen Sarong aufgehängt.

Auf ihrer Matte liegend, bewegte Rusmini sich unablässig hin und her. Der Tag ging zu Ende. Tröstende Frauen kamen und gingen. Neugierige Kinder trippelten ein und aus. Rusmini war nie allein. Dennoch lag sie einsam und angsterfüllt die ganze Nacht über in Wehen.

Von den Sago-Sümpfen her knallten Schüsse. Sie sah im Geist jemanden taumeln, dann leblos ins schwarze Wasser sinken, mit einem Baso voller Ubi auf dem Rücken. Im Kampf um Nahrung für die Hungrigen zu Hause waren draußen Eltern umgekommen, während sie hier um die Geburt eines neuen Lebens rang. Wie lange noch? Wollte denn dieses Kind nie kommen?

Wer kam, war die Hebamme, allerdings ohne Instrumente. Was sie einst von der Missionarin erhalten hatte, war verlorengegangen. An einen Ersatz war nicht zu denken. Doch sie kam auch ohne Instrumente zurecht. Man mußte sich zu nur helfen wissen. Zuerst kochte sie ein scharfes Bambusstück zusammen mit einer besonderen Rinde. Dann kniete sie sich hilfsbereit neben die Wöchnerin.

Rusmini wehrte sich und rang mit jeder Faser um ihr Kind. Da hatte kein anderer Gedanke Platz, nicht einmal an den abwesenden Mann. Noch am selben Tag ertönte das laut protestierende Schreien des kleinen Wesens.

»Ibu, Sie haben einen prachtvollen Sohn«, verkündete die Hebamme, als sie den noch nassen Neugeborenen hochhielt. »Nun, meine Liebe, brauchen Sie nicht mehr zu jammern, es ist alles vorbei!« Tränen der Erleichterung rannen über Rusminis Wangen, während ihr die Hebamme den Bauch unbarmherzig knetete.

»Hätten Sie besser zu essen gehabt, würden Sie nicht so stark bluten.« Sie war selber Flüchtling und wußte nur zu gut, wie karg es hier seit Wochen zuging. Und zuvor? »Was haben Sie eigentlich auf dem Dorf gegessen?«

»Was wir noch gefunden haben.« Rusmini zuckte zusammen und erschlaffte. Für einen Augenblick fühlte sie sich schwerelos. Sie glaubte wegzuschweben von Gestank und Armut.

Die Hebamme war mit dem Kind beschäftigt, das zu Füßen der Mutter auf der Matte lag. Mit etwas Asche, die sie in einer Kokosschale vom Küchenfeuer gebracht hatte, desinfizierte sie den Stummel der Nabelschnur und bedeckte ihn mit einem Stück Bananenblatt. Frische Holzasche war sauber, das wußte sie, und so tat sie ihr Bestes. Dann wickelte sie den Kleinen und legte ihn der Mutter in den Arm. Rusmini schmiegte ihre Wange an sein feuchtklebriges Gesichtchen, und die Freude belebte sie wieder.

»Ich bin so glücklich, daß du da bist«, murmelte sie vor sich hin. »Aber in was für eine Welt habe ich dich gebracht! Meine Familie ist verstreut. Ich bin Flüchtling, und jetzt ist auch noch dein Vater weg. Ich weiß nicht einmal, wo er ist. Wir sind allein, mein Sohn, und ich habe nichts bereit für dich, keinen Platz – außer in meinem Herzen.«

Beten im Gottesdienst, bei Beerdigungen, Taufen,

Hochzeiten, das war in ihren Augen Aufgabe Pfarrer Josefs oder eines Ältesten. Die Gebete des Pfarrers hatte sie immer als kraftvoll empfunden. Doch Josef Tomi war selber Flüchtling und vielleicht irgendwo umgekommen. Sie wußte nichts von ihm.

Dann geschah etwas Unerwartetes. War es nun ihr eigenes großes Verlangen oder war es Gott, der Gebete in Erinnerung ruft, die dann zu ihm dringen? Wie auch immer – Rusmini, die noch nie selber gebetet hatte, lag mit geschlossenen Augen da. Sie wünschte, der Pfarrer wäre hier und würde über ihrem Sohn ein Gebet sprechen. Doch dann begann sie plötzlich: »Gott, mein Vater! Rette meinen Mann! So können wir unseren Sohn großziehen, damit er dir diene. Bleibt unser Sohn am Leben, soll er dir gehören. Ich bitte in Jesu Namen.« Wenn Gott da war, mußte er sie gehört haben. Mehr konnte sie nicht tun. Nun überwältigte sie der Schlaf.

Als sie wieder erwachte, gewahrte sie den kleinen Körper an ihrer Seite, dann ein dunkles, bekümmertes Gesichtchen, das an ihr herumsuchte. Warum nur schaute die Hebamme so besorgt drein? Diese gütige Frau! »Eine gute Arbeit war das«, hatte sie Rusmini gelobt. Wieder begann Rusmini zu dösen, die Gedanken entglitten ihr.

Nun berührte jemand ihre Stirn, dann die Wangen. Nein, das konnte nicht die Hebamme sein. Rusmini öffnete die Augen. Neben ihrer Matte kniete Damjan!

»Rusmi!« Seine Stimme klang entschuldigend, und seine schwarzen Augen blickten sorgenvoll drein. »Du bist also außer Gefahr!« hörte sich Rusmini wie von weit weg sagen. »Das allein zählt. Gott hat uns alle bewahrt.« Damjans Augen wanderten zu dem kleinen Bündel an ihrer Seite, wo ein ungewöhnlich steif aufragender, schwarzer Haarschopf hervorlugte.

Ihre Augen folgten den Seinen. Dann blickte sie ihn

wieder an. »Wie ein Sago-Dach«, bemerkte sie, und dann kullerte es nur so heraus, ihr Lachen. Seit Monaten hatte er das nicht mehr gehört. Damjans Spannung wich unvermittelt, und freudig stimmte er ein, mit einem vor Stolz und Glück beinahe zerspringenden Herzen. Rusmini streifte das Tuch beiseite und befreite das Gesicht des Kleinen.

»Sollen wir ihn Natan nennen? Pfarrer Josef hat einmal gesagt, das heiße Gabe – Gottes Gabe.« Damjan schaute sie an und überlegte. Das Lachen hatte sein Gesicht aufgehellt und seine Lippen gekräuselt. Seine Rusmini war hohläugig und durchnäßt, ihr Haar matt vom Schweiß, ihr Kleid blutbefleckt. Aber er sah nur, wie die Freude sie überwältigte und ihre Magerkeit überstrahlte. Aus unergründlicher Tiefe durchströmte ihn eine zärtliche Regung. Seine Zuneigung zu Rusmini war immer dagewesen. Doch nun war es eine Liebe, die Mutter und Kind umschloß.

»Mama Natan!« sagte er bedächtig, mit einem neckenden Unterton, als ob er die Wirkung erproben wollte. »Hm! Gefällt mir. Doch, gefällt mir sehr!« Rusmini streckte sich nach ihm aus, zog seinen Kopf an ihre Wange und raunte ihm ins Ohr »Bapak Natan!«

Wenige Tage später trafen zum ersten Mal einige begleitete Flüchtlingsgruppen aus Wandula ein. Rusmini fand keine Ruhe. Obwohl sie noch schwach war, mußte sie einfach dort sein, wo man etwas erfahren konnte. Ihre Augen suchten die ungeordneten Reihen von abgekämpften, apathischen Menschen ab. Plötzlich stutzte sie. War das nicht …? *»Lena!«* schrie sie, und sogleich kam Leben in ein schlaff dort stehendes Mädchen. Es durchbrach die Reihen. Schluchzend und lachend flogen sich die beiden um den Hals. Doch Lena machte sich bald wieder los und holte ihre Angehörigen. Rusmini begrüßte sie teilnahmsvoll. Dann führte sie alle zu Natan. War das ein stolzer Augenblick!

Schließlich wollte sie wissen, ob sie Mama Asril gesehen hätten. Mama und Bapak seien mit allen anderen vor den Aufständischen geflohen, hinauf, auf den Berg. Aber wohin es die beiden nachher verschlagen hätte, wüßten sie auch nicht, ihre Pflanzungen lägen zu weit auseinander. So habe man sie aus den Augen verloren. Immer noch versteckten sich viele Familien, nach denen nun Freunde forschten.

Etwas später traf eine neue Gruppe ein, zu der auch Laras Familie gehörte. Sie waren ziemlich abgerissen und schmutzig, aber insgesamt guten Mutes. Kurz nach Rusminis Heirat hatte auch Ibu Laras Tochter Ita geheiratet. Damals, als Rusmini aus Wandula floh, war sie ebenfalls in anderen Umständen gewesen. Nun sah man weder etwas von einer Schwangerschaft, noch war ein Kind bei ihr. Betroffen bemerkte Rusmini, wie teilnahmslos Ita dastand und wie bekümmert ihr noch junger Mann auf jede ihrer Regungen reagierte. Rusmini verstand sogleich: Hier gab es nichts mehr zu fragen.

Neuankömmlingen wurden Plätze zugewiesen, wo sie selber Bambushütten bauen konnten. Verschiedene Familien hatten bereits am ehemaligen Schulhaus angebaut, wo Rusminis Lager war. Einige Tage später waren auch die nahe beieinanderliegenden, notdürftigen Behausungen für Rusminis und Laras Familien bezugsfertig. Nun erfuhren Damjan, Rusmini und Asril von Ibu Lara noch weitere Einzelheiten über den Abschied von Wandula.

Es habe Spannungen gegeben, berichtete sie. Die Leute wußten, daß Spione der Armee die Gegend durchkämmten. Und dann sei etwas geschehen, das sich allen unauslöschlich eingeprägt habe.

Vom östlichen Paß her kam ein Meldeläufer Hals über Kopf nach Wandula heruntergejagt. Dort sank er in Laras Laden zu Boden. Nach Luft ringend, brachte er stoßweise hervor: »Unser Dorf steht in Flammen! Sie kommen!« Ibu Lara verstand sogleich, es waren die Aufständischen, die dem Druck der aus Malili vorstoßenden Soldaten wichen. Nach all diesen Monaten der Unterdrückung und der erzwungenen Untätigkeit mischte sich in ihre Angst vor der bevorstehenden Gefahr eine merkwürdig freudige Erregung.

Schallend und hallend warnte der hölzerne Gong die Bevölkerung. Wer nicht oben auf dem Berg ackerte, raffte hastig das Nötigste für die Flucht zusammen, nahm seine Kleinen und eilte dem Busch zu, der Deckung bot. Eltern irrten völlig außer sich umher und riefen lauthals nach ihren Kindern. Kranke und Lahme wurden ans Flußufer getragen oder abseits unter Bäumen in Sicherheit gebracht. Sie sollten nicht lebendigen Leibes verbrennen.

Ibu Laras Haus war voller Verwandter. Ita, die bald das erste Kind erwartete, schaufelte gemeinsam mit ihrem Mann Reis in Basos. Auf einen solchen setzten sie den kleinsten Vetter. Dann ordneten sie den Zug der Kinder.

Dort, wo der Weg vom Paß ins Tal offen lag, waren bereits Rebellen gesichtet worden. »Eine Gruppe mit kleinen Kindern sowie eine hochschwangere Frau kommen kaum schnell genug voran«, dachte Ibu Lara. Darum entwarf sie kurzerhand einen Plan, von dem sie ihre Familie überzeugte. Sie wollte bleiben und hoffte, die Verfolgungsjagd mit einer List aufzuhalten. Sie versammelte ihre Familie und die Verwandten im Haus. Jeder hatte soviel Lebensmittel zu tragen, wie er konnte. Nachdem sie sich vergewissert hatte, daß alles planmäßig vorbereitet war, brachte sie alle auf Trab, indem sie sie fast aus dem Haus jagte. Wandulas letzte, von Angst und Schrecken gepackten Einwohner flohen in den Busch.

Ibu Lara stand vor dem Laden und spähte die verlassene Straße hinauf und hinunter. Sie sah die verlotterten Umzäunungen, die vernachlässigten Gärten, die arg mitgenommenen Reisschober, die zerfallenden Pfahlbauten, die Überreste der Kirche. Mit dem Umriß eines jeden Hauses schmerzlich vertraut, nahm sie ein Geisterdorf wahr. Sie sah alles zum letzten Mal, das wußte sie. Wohl bald würden ihre Leute das Gesträuch hinter sich haben und die Hänge erklimmen. Dann würde ihre Angst um sie aufhören.

Die Aufständischen hatten das Dorf erreicht. Die ersten Flammen züngelten und leckten hoch von Haus zu Haus. Die Blätterdächer, trocken wie Zunder, brannten und leuchteten auf wie Fackeln. Das Wrack des Kirchenschiffs begann, wild krachend und prasselnd gen Himmel zu lodern. Ibu Laras Ohren dröhnten. Sie wandte sich ab. Der gemeinsam erbaute Mittelpunkt des kirchlichen und gesellschaftlichen Lebens war ein Fraß der Flammen geworden. Und gleich dem Feuer, das Haus um Haus ergriff, wurde sie von Zorn gepackt, und auch in ihrem Herzen begann es heftig zu lodern. Eben wollte sie ihre geballten, zitternden Hände erheben. Doch dann hielt sie halbwegs inne, verschränkte ihre Arme und verdeckte die Fäuste. »Jetzt nur nicht die Fassung verlieren«, murmelte sie vor sich hin. »Was hilft's? Es ist ja schließlich nur ein Haus.«

Jetzt kamen sie, die »Schwarzhelme«. Breit wie das Hochwasser eines Bergbachs während der Regenzeit rollten sie heran. Ibu Lara stand absichtlich mitten auf der Straße, als ob sie eine Jagdgesellschaft erwartete. Trotz ihres Zorns wirkte sie jetzt ruhig und gefaßt und war es auch. Ihre Leute hielten sich nun irgendwo versteckt, und die Armee war im Anmarsch. Sie würde alle sicher nach Malili geleiten. Um sich selber machte sie sich keine Sorgen, auch um ihren Laden nicht, den sie während all dieser Monate irgendwie durchgebracht hatte. Sollen ihn die Rebellen doch anzünden! Sie empfing sie nun mit großartiger Gelassenheit.

»Einen Moment, meine Herren! In diesem Laden gibt es noch Vorräte – Salz, etwas Reis, aber auch Harz sowie Eisen für Parangs.« Aufhalten wollte sie, zum Nachsehen verlocken und Zeit gewinnen.

Ihre Verwegenheit brachte die Männer aus der Fassung. Das Angebot war verlockend. Doch nun traf der Anführer ein. Er forderte eine Erklärung für die Verzögerung. »Wer ist das dort?«

»Eine nicht mehr so junge Frau.«

»Was will sie? Sagt ihr, sie soll verschwinden!«

»Der Laden gehört ihr.«

»Frau!« rief er ihr nun selber zu. »Was ist dir lieber – dein Laden oder dein Leben?«

»Mein Leben«, antwortete sie gleichgültig, obwohl es ihr in diesem Moment nicht besonders wertvoll erschien; denn irgendwie hatte sie genug. Sie glaubte auch, lange genug gelebt zu haben. Aber etwas stand für sie fest: Hinter diesem siegesgewissen Auftreten verbarg sich die bevorstehende Niederlage.

»Dann hau ab! Fort mit dir, hinauf auf den Berg!« pfiff er sie an, in die Höhe weisend.

Ibu Lara stolperte, fast wie eine Blinde, und lief. Sie vermied es, hinter sich zu schauen, wo der Laden in Flammen aufging. Traurig dachte sie an Bapak Lara, den umsichtigen Kaufmann, dessen Lebenswerk nun zu Schutt und Asche wurde. Doch das Leben war mehr als Arbeit. Das wußte sie auch. Wenn Gott ihr Leben erhalten wollte, dann war sie ihm dankbar dafür. Und wenn nicht – nachdem sie getan hatte, was sie konnte –, war sie bereit, auch das anzunehmen und ihm zu vertrauen. Noch immer vernahm sie von hinten dreckige Sprüche, die man ihr nachschleuderte. Sie beschleunigte ihren Schritt. Denn plötzlich war das Leben wieder unsäglich kostbar: Sie erwartete doch ihren ersten Enkel!

Jetzt schlüpfte Ibu Lara in den Busch, rannte weiter und schluchzte dabei. Erst beim großen Baringin hielt sie inne, lehnte sich gegen den knorrigen Stamm und rang nach Luft. Warum sollte sie das auch nicht mit beinahe fünfzig?

In der Lichtung über dem Wasserfall, wo sich der Weg teilte, zwang sie der schwere Atem erneut zu einem Halt. Unten sah sie die Verwüstung. Nach einem kurzen Lodern waren nur noch rauchende Überreste zu sehen. Im fahlen Licht markierten kleine, rotglühende Flecken die Lage des sterbenden Dorfes. Nur im einstigen Laden und Mittelpunkt von Wandula, wo Ibu Lara seit ihrer Heirat für die Familie gesorgt hatte, wogten und tanzten noch immer die lodernden Flammen aus einer kohlschwarzen Rauchsäule. Der Lagerraum, gefüllt mit unverkauftem Harz, hatte Feuer gefangen. Er mochte tagelang brennen. Sie wußte nicht, wie lange sie dort gestanden und gebannt in die Flammen und den Rauchpilz gestarrt hatte. Doch dann ertönten Stimmen hinter ihr. Der Bann wurde gebrochen.

»Wir kommen deinetwegen, Mama. Es wird dunkel.« Das war ihr Schwiegersohn mit einigen Kindern. »Wir sind in der Höhle«, fuhr er fort, »mit deinem Mann und einigen anderen.« Die Kinder hatten sogleich angefangen, im Fluß zu planschen und zu spritzen. Ihr Gelächter schnitt Ibu Lara ins Herz. »Ach, diese Kinder!« dachte sie. »Im Gegensatz zu uns gibt es für sie weder Bedrückung noch Notlagen noch Werte noch Besitz noch eine zerstörte Zukunft. Sie sehen nichts anderes als einen Ferientag im Busch!«

»Und Ita?« forschte sie beim Schwiegersohn nach, sein Gesicht im Dämmerlicht beobachtend. »Ich denke, sie hat wieder angefangen zu arbeiten?«

Er zögerte, und Ibu Lara bemerkte seine Unruhe und Hilflosigkeit. »Es ist zu früh, Mama . . . wir dachten . . . vielleicht einen Monat später . . .«

Sie blickte ihn mitfühlend an. Er war kaum älter als Pagi. Pagi! Wie mit einem Messer schnitt es ihr in die Seele. Nun würde er nie mehr zurückkommen. Es war zu spät. Doch nach ein paar Augenblicken hatte sie sich wieder gefangen, war sie wieder ganz die einfallsreiche Ibu Lara, die allen Mut machte. »So laßt uns jetzt zu ihr gehen«, sagte sie und hakte sich bei ihrem Schwiegersohn ein.

Die Mehrheit der Bevölkerung in den besetzten Gebieten konnte von der Armee befreit werden. Wer zurückblieb, tat das entweder freiwillig oder befand sich in einer ausweglosen Lage. Zu jenen gehörten vor allem alte Leute wie Bapak Asril. Sie konnten weder verpflanzt noch in eine neue, ungewisse Zukunft geführt werden. Man hätte sie völlig entwurzelt. Sie blieben dort, wo sie waren, gleichgültig, welcher politische Wind ihnen um die Ohren blies. Zur anderen Gruppe gehörten Leute, die von den Aufständischen in die Abgeschiedenheit ihrer Lager im Dschungel verschleppt worden waren. Wurde ein Lager verlegt, mußten sie mit und kamen dabei meistens um.

Mittlerweile strömten unablässig Menschen nach dem Westen, und Malili schwoll bedenklich an. Die Lage wurde bedrohlich und rief dringend nach einer Lösung.

Natans wachsende Trinklust bekümmerte Rusmini. Mit Entsetzen merkte sie, wie ihre Milch weniger wurde. Eine Frau, die ihr Kind verloren hatte, bot sich als Amme an. Rusmini ergänzte mit Reiswasser, wann immer es Reis gab. Die Umstellung auf feste Nahrung wäre jetzt möglich gewesen, und sie sehnte sich nach den kleinen, goldgelben Bananen, der gängigen Säuglingsnahrung in allen Dörfern.

Damjan war entschlossen, diese Speise herbeizuschaffen. Er hatte eine Staude mit reifenden Bananen im Auge. Kaum wahrnehmbar unter den anderen Bäumen, stand sie auf einem verwilderten Landstück außerhalb des Lagers. Noch zögerte er, sie zu schneiden. Für die Nachreife war sie zu wenig weit gediehen. Allzulange konnte er aber auch nicht warten, sonst bediente sich vielleicht ein anderer. Unauffällig hielt er täglich von weitem Ausschau. So konnte keiner seinem Blick folgen. Aber noch war es zu früh. Doch dann, eines Nachts, spürte er: Es war Zeit. Jetzt mußte er handeln.

Während er an dem bißchen Wildnis entlangkroch, wurde ihm warm ums Herz. Im Geist sah er bereits ein Löffelchen voller Bananenbrei in Natans kleinem Mund verschwinden. Die Dunkelheit behinderte ihn nicht. Er wußte genau, wo seine Beute hing, und schnell erreichte er die Staude. Doch wie er den Stamm befühlte, griff er auf halber Höhe ins Leere. Sein Atem stockte. Kaum zu glauben – abgehauen! Der Fruchtstand war weg! Zutiefst verdrossen hieb er den verstümmelten Rest über dem Boden ab, schulterte ihn und wandte sich heimwärts. Dabei beschlich ihn ein seltsames Gefühl. Er sah sich plötzlich als Junge in Wandula, wo er oft genauso beladen nach Hause zurückgekehrt war. Damals mußte er solche Stauden für Schweinefutter schneiden. Heute kochten sie die Leute für sich. Wer hungerte, war eben nicht wählerisch.

Unterernährte, geschwächte Menschen fielen Krankheiten zum Opfer, und Ärzte fehlten. Als die Ruhr ausbrach, verlor eine mit Damjan und Rusmini im selben Raum lebende Familie den Vater. Das geschah schrecklich schnell. Kaum bemerkten die anderen seine Krankheit, erblickten sie bereits die glasigen Augen des abgezehrten Nachbarn, dessen Leben lautlos erlosch. Nun mußte die Witwe selber auf Nahrungssuche für ihre hungrigen Kinder gehen und sich allein in das gefährliche Gebiet jenseits der Stadt wagen. Allerlei Vermutungen über ein mögliches Ende der gespannten Lage machten die Runde. Wie jedermann wußte, gab es für die Bauern aus den Tälern des Südlands keine Arbeit im Fischerhafen von Malili.

An einem warmen Nachmittag saßen Damjan und Rusmini im Schatten ihrer Baracke und spielten mit Natan. Dabei konnten sie ihre Zukunftsangst für einen Augenblick vergessen.

Doch dann kam Asril, ließ sich neben ihnen nieder und bemerkte beiläufig: »Die anderen bauen wieder Reserven auf.«

»Ist das eine Vermutung?« fragte Damjan. Seit dem Abschluß der Rettungsaktion machten ständig solche Gerüchte die Runde.

»Nein, die Meldung stammt aus einer verläßlichen Quelle. Sie haben mit erbeuteten Waffen neue Lager angelegt.« Asril versuchte, ruhig und sachlich zu bleiben.

»Dann haben wir also einen Angriff zu erwarten?«

»Ja, gelegentlich schon, denke ich. Sie sind jedenfalls entschlossen, den Brückenkopf der Regierungstruppen in Malili zu vernichten.«

»Und was heißt das für uns?«

»Man wird uns woanders unterbringen«, meinte Asril, sichtlich bemüht, hoffnungsvoll zu wirken, »was uns helfen wird. Denn hier muß ja ohnehin etwas geschehen.«

»Uns bleibt wohl nur der Seeweg übrig.«

Asril nickte.

Als Landratte konnte Damjan nicht schwimmen. Er wandte sich wieder dem Kleinen zu, nahm ihn auf und versuchte so, seine Besorgnis zu verdecken.

Rusmini schwieg noch immer. Regungslos saß sie da und versuchte, die Tragweite des Gehörten zu erfassen. Ihre Augen wurden naß. Zwei Tränen rollten über ihre Wangen. Wie allen anderen machte auch ihr die mangelhafte Verpflegung je länger desto mehr zu schaffen, ebenso die zunehmende Erschöpfung sowie eine allgemeine Unfähigkeit, mit dem Leben hier zurechtzukommen. Sie waren in einen Zustand geraten, in dem allmählich die gewöhnlichste Arbeit zu einer untragbaren Belastung wurde.

Für Natan gab es keine Milch mehr. Und zweimal täglich Sago bedeutete für die Eltern den langsamen Hungertod. Zu oft ertappte sich Rusmini dabei, wie sie verstohlen die spindeldürren Arme und aufgeblähten Bäuche der teilnahmslosen Kleinen in ihrer Baracke musterte. Wenn sie nicht bald aus diesen schlechten Verhältnissen herauskamen, würde es ihrem Natan nicht besser ergehen. Solchen Kindern fehlte jegliche Widerstandskraft gegen Krankheiten. Erkrankten sie, waren sie am nächsten Tag tot.

Aber, Malili auf dem Seeweg zu verlassen, hieße, alle Brücken hinter sich abzubrechen, dem Südland für immer den Rücken zu kehren und das Unbekannte auf sich zu nehmen. In jener Nacht, als sie von Wandula weggegangen waren, hatte sie nicht an einen endgültigen Abschied gedacht. Den Mut, den sie damals aufbrachte, die Sicherheit des ihr Vertrauten zu verlassen, hatte ihr Mama Asril eingeflößt. Und jetzt? Ein inniges »Herr, hilf mir!« stieg in ihr auf, und sie faßte neuen Mut.

Asrils Nachricht erwies sich bald als richtig. Ein paar Tage später wurden alle Flüchtlinge angewiesen, sich unverzüglich zur Umsiedlung bereitzuhalten. Als die Aufständischen dann anzugreifen begannen, waren schon viele fort, wobei einige dank privater Hilfe über den Hafen entkommen waren. Damjan und Rusmini gehörten zu jenen, die bis zuletzt zurückblieben. Der Kommandant, der Asril immer noch benötigte, widersetzte sich einer Trennung.

Samstag morgen war es, als die Stadt unter dem Rattern und Knattern, Heulen und Krachen von Schüssen und Granaten zu zittern begann. Nun hatten auch die letzten Zivilisten das Feld zu räumen, noch in dieser Nacht. In der Mündung des Malili-Flußes lag eine buntzusammengewürfelte Flotte kleiner Boote, mit und ohne Motor, Fischerkähne mit Ausleger sowie Flöße. Alle unterstanden dem Truppenkommando. Die Flut wurde gegen Mitternacht erwartet. Das Militär setzte alles daran, bis zu ihrem Eintreffen die letzten Flüchtlinge sicher wegzubringen.

Der steigende, vor Abfällen schmierige und schmutzige Wasserspiegel kroch allmählich durch die mit Mangroven bewachsenen Untiefen und begann gegen das Ufer zu klatschen. Noch immer hing Gestank von faulendem Fisch in der feuchten Luft, und Millionen von Moskitos umschwirrten alles.

Von den Baracken her näherte sich ein Zug tanzender Fackellichter durch die Nacht. Die Familien kamen einzeln, ordentlich im Gänsemarsch, aber teilnahmslos und wie betäubt, die Frauen hatten nur das Nötigste im Bündel auf dem Kopf. Alles übrige blieb zurück. Frauen wie Männer trugen schlafende Säuglinge. Die anderen Kinder folgten ihnen – stumm, die Augen weit offen.

Alle bestiegen die Boote und wurden dabei kontrolliert. So bemerkte man das Fehlen der Witwe samt ihren Kindern aus dem Raum, wo auch Rusmini gewesen war. Zu sehr mit den eigenen Sachen beschäftigt, hatte niemand ihr Ausbleiben wahrgenommen.

Asril und ein Soldat gingen zurück. In der leeren Baracke kauerten die Kinder neben ihrer kärglichen Habe. »Wo ist eure Mutter?« fragte Asril.

»Sie sucht nach Eßbarem.«

»Allein?«

»Nein, mit anderen.«

»Und ihr wartet auf sie?«

Sie nickten unsicher.

»Wann ist sie gegangen?«

Das schienen sie nicht zu wissen. Ein Flüchtlingsdasein war eben zeitlos. Schließlich meinte die Älteste: »Vor dem Neumond.«

Asril begann zu rechnen, und das Ergebnis war klar: Sie war zu lange weg.

»Habt ihr heute etwas gegessen?« Kopfschütteln. »Dann kommt mit uns. Mama Natan hat etwas übrig für euch. Um eure Mutter und ihre Freunde wird man sich später kümmern.« Er fühlte sich verantwortlich für die drei Verwaisten, die er nun bewegen konnte, ihm zu den Booten zu folgen.

Grau war der Himmel, grau die gedrückten Gesichter, grau auch die im Boot liegenden Gestalten schlafender Kinder. Die Ruhe war bezeichnend für den Golf von Bone, der wie eine gigantische graue Glasplatte regungslos dalag. Wie riesige, graue Spinnen wirkten auf ihm nachts die Fischerboote mit ihren mächtigen Auslegern auf beiden Seiten. Und in einem solchen saßen, hockten oder lagen einundvierzig Menschen eng beisammen, die einen schlafend, die anderen sinnend und vom Südland und allem Liebgewordenen still Abschied nehmend.

Hinter einem Filter aus Nebel zeigte sich die Sonne als rotglühende Scheibe. Die Berührung mit dem rosafarbenen Licht veränderte Damjans graue Welt. Er blickte auf sein Gegenüber, dessen Knie die seinen berührten. Es war Asril. Damjan war dankbar für diese Nähe. Asril schlief sitzend, ebenso Lena, gleich neben ihm. Sie wollte helfen und hatte sich ihnen angeschlossen. Rusmini lehnte im Halbschlaf gegen Damjans Schulter. Ihr Kopf baumelte, doch ihren Kleinen preßte sie instinktiv an die leere Brust.

Damjans Augen wanderten hinüber zu den anderen. Obwohl es ihm nicht gelang, die Gesichter der weiter weg Sitzenden zu erkennen, war immerhin eines klar: Rusminis restliche Familie lagerte nicht dort drüben. Sie mußten auf einem anderen Boot sein. Er sah den Umriß des Bootsführers, der am Bug saß, und folgte seinem starr nach vorn gerichteten Blick, nahm aber auch dort nichts als Nebel wahr und keine Spur von der übrigen Flotte. Sie hätten irgendwo sein können. Ihm war, als seien sie nirgendwo, sondern abgeschnitten von der Welt in einer anderen Wirklichkeit. Genauso gerieten auch seine Gedanken ins Nebelhafte. Sein Kopf sank auf die Brust.

»Es ist Sonntag!« schrie jemand in die feuchte Stille. Damjans Kopf schoß empor. Nun war er wieder ganz gefangen in der Enge des Bootes. Jemand begann zu schluchzen und andere auch, an verschiedenen Stellen.

»Nein«, dachte Damjan, »das sollte jetzt nicht einreißen«, und er stimmte aufs Geratewohl ein Lied an, so wie es ihm gerade einfiel.

Rusmini, nun ebenfalls wach, griff sogleich suchend in das Kleiderbündel und kramte ihre Flöte hervor. »Ich dachte mir, sie könnte irgendwann nützlich sein«, meinte sie kurz auflachend zum erstaunten Damjan, während sie Natan an Lena weiterreichte.

Asril bat seinen Bruder um die Bibel. Schließlich war Sonntag, und hier waren sie frei. »Aber was soll ich nun lesen?« fragte er sich. Jener Abend, als Lehrer Rumit bei flakkernder Fackel vorgelesen hatte, stand unauslöschlich in seinem Gedächtnis. Doch Asril fehlte die Übung. Für sich selber lesen war ihm unbekannt.

Ein Gefühl von Unzulänglichkeit überwältigte ihn. Er vermißte die Ältesten, die den Gottesdienst leiteten, und wußte nicht, welchen Text er wählen sollte. Aber Gott ihre Dankbarkeit zu zeigen, dazu wären sie gewiß bereit. Und so sagte er mit lauter, klarer Stimme: »Wir beten gemeinsam das Vaterunser.« Das wenigstens konnte er. Er begann, und alle fielen ein. Dann wurde wieder gesungen. Die Schluchzer nahmen ab. Das Boot trieb ruhig dahin. Alles wartete auf die Morgenbrise, und beim ersten freundlichen Windstoß hißte der Bootsführer ein runzliges Segel. Der Gesang hielt an.

Bald verschwand der Nebel. Die Sonne begann unbarmherzig zu brennen. Mütter versuchten mit Sarongs ihren schwitzenden, quengelnden Nachwuchs über Mittag zu schützen. Den Trinkvorrat hatten die Kleinen geleert. Nun lagen sie lustlos herum, keuchend wie junge Hunde. Die Großen bewegten ihre steifen Glieder, während sie auf dem Wasser den wachsenden Schatten des Bootes verfolgten. Endlich! Gegen Abend ankerten sie in Wotu.

Es war ein schmutziger Flußhafen, der den Truppen zwischen Malili und Palopo als Basis diente. Andere Boote waren offenbar schon gelandet. Wie viele noch kämen, wollte der Kommandant wissen.

Die Unterkunft für Flüchtlinge sei landeinwärts, erfuhren sie. Übernächtigte Blicke glitten an der schnurgeraden, staubigen Straße entlang, die wie endlos in bläulichem Dunst verschwand. Mühsam schleppten sie sich dahin im dämmernden Abend, bis im Fackelschein ihrer bewaffneten Begleiter unzählige sagobedeckte Bambushütten auftauchten.

Der beschwerliche Sonntag endete im neuen Quartier. Überall legten die völlig erschöpften Menschen ihre Matten auf den nackten Hüttenboden, ließen sich in ihre Sarongs gehüllt nieder und schliefen augenblicklich ein.

Unbehagliche Zuflucht

Hinter den dünnen Wänden des Lagers in Pakatan fanden einige tausend Heimatlose vorübergehend Unterschlupf. Gegen Norden schützten sie die jäh abfallenden Wände des Gebirges, um dessen Flanken der Dschungel die dunklen Falten seines Gewandes legte. Er reichte bis unten zu den Reisfeldern, den Sawahs. Zweimal im Jahr, wenn der Monsun kam, tobten und tosten die schwellenden Wasser über zerklüftete Wände und rissen Geröll mit in die Tiefe. Unten schlängelten sie sich, wie wenn nichts gewesen wäre, als gezähmte Bäche lebensspendend durch die Ebene und speisten dort die fruchtbaren Sawahs. Diese wurden von Menschen bestellt, die verschiedenen Volksgruppen entstammten, auch Muslime aus dem übervölkerten Java. Noch gab es dort keine Rebellen, und so lebten Muslime mit Christen einträchtig zusammen.

Wenige Wegstunden entfernt kuschelten sich Dörfer am Fuße der Berghänge unweit des angrenzenden Dschungels. Das waren Ableger des Poso-Volkes, das jenseits der schroffen Wände lebte. Obwohl die Posos eine andere Sprache sprachen, teilten sie mit den Pado-i den Glauben an das Evangelium, dessen Annahme auf einen gemeinsamen Vorfahren* zurückging.

Als Tando in Wandula zu Gast gewesen war, hatten Damjan und Asril von ihm einige Wörter auf Poso mitbe-

* Dr. Albert Kruyt, von der Reformierten Kirche der Niederlande, arbeitete ohne sichtbares Ergebnis während siebzehn Jahren in Zentral-Sulawesi. Er wollte zuerst sogenannte Schlüsselfamilien gewinnen, damit durch diese dann die ganze Gesellschaft zum Glauben käme. Allein auf diese Weise könne die Ächtung der neuen Christen samt den damit verbundenen Spaltungen, wie das andernorts der Fall war, vermieden werden. An Weihnachten 1909 wurde in der Nähe von

kommen. Er hatte sich während seines Theologiestudiums in Tentana mit den Grundzügen dieser Sprache befaßt. Inzwischen hatte er wohl sein Abschlußexamen bestanden. In seine verwüstete Heimat zurückkehren konnte er indessen nicht. Sie wußten nicht einmal, wo er war. Was sie damals so nebenbei an Poso-Sprachbrocken aufgeschnappt hatten, erleichterte ihnen jetzt, zusammen mit Indonesisch, die Verständigung mit der einheimischen Bevölkerung.

Eines Sonntags, als Damjan und Asril in einem dieser Dörfer zur Kirche gingen, trauten sie ihren Augen kaum: Josef Tomi leitete den Gottesdienst! Er lebte also noch! Sie konnten kaum an sich halten, kaum den Schluß abwarten.

Später, in Josefs Haus, erfuhren sie, wie es damals nach seiner Flucht weitergegangen war. Er hatte sich mit Frau und Kindern wochenlang im Busch versteckt gehalten. Schließlich war es ihnen gelungen, nach Malili zu entkommen. Von dort – wiederum allein – schafften sie den Weg an diesen Ort, wo das Volk seiner Frau zu Hause war. Hier gab es für ihn genug zu tun mit all den jungen Gemeinden in der Gegend.

Begierig auf Neuigkeiten aus Wandula, forderte er Damjan und Asril auf: »So, nun seid ihr beide an der Reihe!« Als sie ihren Bericht beendet hatten, schwieg er lange, ganz in Gedanken versunken.

»Das war eine gefährliche Sache! Warum hast du es überhaupt gewagt, Damjan?«

»Ich wäre mit der Zeit noch übergeschnappt. Ständig wurden wir beobachtet, immer mußten wir uns verstellen.

Poso der führende Mann dieser Region samt seiner weitverzweigten Familie getauft. In der Folge breitete sich das Evangelium unter den verschiedenen animistischen ethnischen Gruppen im gebirgigen Zentral-Sulawesi rasch aus. Im Südland fanden zwischen 1926 und 1927 die ersten Taufen statt.

Wir wollten Christen bleiben. Und leben wollten wir auch!«

Josef nickte verständnisvoll.

»Wenn unsere führenden Leute um ihr Leben rannten oder umgebracht wurden«, fuhr Asril fort, »waren die anderen wie . . . wie . . .«

»wie Küken, die ihre Glucke verloren hatten«, ergänzte Damjan mit einem gereizten Auflachen. »Wir wußten nicht, wohin wir uns wenden sollten.«

Der Pfarrer beobachtete die beiden aufmerksam. Wie hatten ihn doch seine Schafe in Wandula bekümmert. Doch Asril und Damjan überzeugten ihn nun davon, daß die Herde zwar zerstreut, aber nicht völlig verloren gewesen war. Da war er unsäglich froh.

»Es war eine schrecklich verwirrende Zeit«, meinte er gütig. Die kurze, stürmische Geschichte des Landes stand mit einem Mal vor seinen Augen wie ein aufgeschlagenes Buch. »Wir sind ein Land, das frei genug ist, sein Geschick selber zu bestimmen. Nie hätte ich gedacht, daß unsere Landsleute so bald aufeinander losgehen und uns unfreiwillig in einen Kampf verwickeln würden, der fast alles wegriß, was nicht mit dem Strom schwamm.« Dabei schwang in seiner Stimme eine seltsame, beängstigende Traurigkeit mit.

Eine Weile blieben sie stumm. Dann brach Asril das Schweigen. »Der Anführer der Aufständischen sagte, wir Christen würden unser Land betrügen, wir seien genauso wie die Holländer.«

»Wer die Wahrheit verkündigt, ist kein Betrüger und damit auch jene Holländer nicht, die uns die wahre Gotteserkenntnis gebracht haben. Wir Christen leben diesen Glauben. Und durch ihn wissen wir auch, daß Gott durch Jesus Christus, unseren Retter, *alle* Menschen sucht. So wie Gott uns liebt, liebt er auch diesen Aufständischen, nur hat es dieser – im Unterschied zu euch – noch nicht erkannt.«

»Pak Josef, wir möchten mehr lernen und besser verstehen«, sagte Asril aus tiefstem Inneren. »Aber dazu brauchen wir Lehrer, wenn wir einmal nützlich sein sollen. Doch wer wird uns hier lehren?« Er wollte hinzufügen, die Bedeutung des Gottesdienstes sei ihm in Rumits Haus aufgegangen, damals, vor Monaten, als sie sich dort im Geheimen versammelt hatten. Aber er fand keine Worte für seine innersten Gefühle. So verstummte er.

Josef verstand. Wie zerbrechlich die junge Kirche doch war! Aber Gott hatte sie bewahrt. Nun sprach Josef für ihn: »Jesus sagte: ›Ich will meine Gemeinde bauen, und kein Feind wird sie vernichten können, nicht einmal der Tod.‹« Das waren lebendige Worte. Eine Flut von Erinnerungen stieg in Asril auf, und er blickte zu Boden.

Die Flüchtlinge hausten in einer Ebene, wo ein besserer Schutz als in Malili möglich war. Bis sie eine Arbeit gefunden hatten, erhielten sie nun ausreichend Lebensmittel. Ferner gab es Landzuteilungen sowie Werkzeug. Man nahm sich der Heimatlosen wirklich an. Sie sollten auch ermutigt werden, Häuser zu bauen und sich hier niederzulassen.

Doch Rusmini verließ die Spannung nicht: Blieben sie oder gingen sie weiter? Sie sehnte sich nach etwas Eigenem. Im Hüttendorf war das Leben äußerst einfach. Alles war eng und überfüllt. Doch sie waren frei und lebten in Frieden. Auch Freundschaften gab es bereits. Dennoch strebte sie nach einem Ort für die Familie.

Am nahen Fluß ging es morgens munter zu. Häusliche Arbeiten wurden dort verrichtet. Rusmini badete Natan im klaren, seichten Wasser. Das Trocknen überließ sie getrost der Sonne, während er nackt auf den Steinen spielte.

Daneben wuschen sie und die anderen Frauen erst Töpfe, dann Kleider, die sie mangels Seife klatschend auf einen Felsblock schlugen. Schwatzend und lachend vertrieben sie sich die Zeit. Gemeinsam ging alles leichter, auch die Anpassung an die hiesigen Lebensbedingungen.

»Wo ist dein Mann, Mama Natan?«, wurde Rusmini gefragt.

»Er trägt Gepäck über den Paßweg an den Poso-See«, antwortete sie, auf das Bergmassiv im Norden weisend.

»Dann siehst du ihn also wenig. Wer hat ihn angestellt?«

»Er und sein Bruder haben sich mit einigen Freunden zusammengetan. Sie arbeiten auf eigene Rechnung, manchmal für die Armee, manchmal für andere.«

»Das ist aber schwere Arbeit. Und wie ist die Bezahlung?«

»Was sie so bekommen; sie sind aber zufrieden. Sie arbeiten gerne selbständig.« Rusmini hätte es lieber gesehen, wenn sie hier als Tagelöhner in den Reisfeldern gearbeitet hätten. Doch dazu fehlte ihnen die Erfahrung, und das zuzugeben – so Rusminis Verdacht –, verbot ihnen ihr Stolz. Als Träger waren sie unregelmäßig beschäftigt. So verdiente Damjan sehr wenig. Rusmini konnte von ihren Eltern nichts erwarten. Der Unterhalt für ihre Geschwister belastete sie schwer genug. Manchmal war Rusmini es, die ihnen etwas gab. Außerdem hatte auch sie ihren Stolz. Sich bei ihren Eltern oder bei ihrem Mann etwas anmerken zu lassen, wäre ihr zuwider gewesen. Da mußte Damjan schon selber dahinter kommen, ohne die geringste Andeutung von ihrer Seite.

Sie wünschte, sie könnte auch etwas beitragen. Wohl hatte sie in ihrer Jugend gelernt, Basos aus Rattan zu flechten. Aber verwendbaren Werkstoff gab es keinen. Hier machte man die Tragkörbe aus anderem Material.

»Habt ihr gehört?« begann eine Frau, mit dem Schlagen

ihrer Wäsche innehaltend. »Die javanischen Bauern hier wollen uns Frauen in den Reisfeldern beschäftigen.«

»Was wissen wir Pado-i schon von einer Arbeit im Reisfeld?« spottete eine andere und hatte recht, denn bei den Pado-i wurde nur Bergreis gepflanzt.

»Wir müßten weiter nichts wissen«, fuhr die erste fort, »wir hätten lediglich zu jäten, was nicht schwierig ist.«

Rusmini hatte den javanischen Frauen schon zugeschaut, wenn sie in einer Linie knietief im Schlamm standen. Sie steckten die Setzlinge so gewandt und schnell, man konnte ihren Händen kaum folgen. Und die Ernte betrug ein Vielfaches des Bergreis-Ertrags. »Gut«, dachte sie, »wir Pado-i müssen auch hinter die Geheimnisse des Sawah kommen, wenn wir hier im Flachland bleiben wollen.«

Rusmini war von diesem Gedanken begeistert. Sie beendete ihre Wäsche, hängte die fadenscheinigen Hüllen über ein paar Sträucher zum Trocknen, sicherte ihren Sarong unter den Achselhöhlen und begab sich in den Fluß. Dort wusch sie ihr Haar, dann ihren Körper. Ganz glücklich begann sie schließlich zu schwimmen, watete aber bald ans Ufer und setzte sich zu Natan. Etwas später nahm sie die trockene Wäsche samt den Töpfen auf und kehrte ins Lager zurück.

Während Damjan als Träger unterwegs war, begann Rusmini für die muslimischen Javaner zu arbeiten, die sich vor einigen Jahren hier niedergelassen hatten. Es waren erfolgreiche, angesehene Reisbauern, immer höflich und freundlich, angepaßt und von zurückhaltendem Wesen. Sie brauchten Landarbeiter, und Rusmini benötigte Lebensmittel.

Sie und Lena jäteten, lernten die zarten Setzlinge stekken und gewöhnten sich daran, im Sumpf zu arbeiten. Von ihrem Tageslohn konnte sie Sago und getrockneten Fisch für sich und ihr Kind kaufen. Das war ein äußerst einfaches

Essen, aber ergänzt mit jungen, noch eingerollten Farntrieben, die sie am Flußufer holte, reichte es. Manchmal bekam sie von den Reisbauern ein Ei und etwas Bohnen dazu. So kam Rusmini für sich selber auf.

Es war eine gute Gegend für einen Neubeginn. Lena heiratete einen Mann von den Poso, die am Fuß des Gebirges lebten. Damit war für sie die Frage des künftigen Lebensraums bereits gelöst. Rusmini vermißte ihre Schwester, war aber froh, sie mit einem Mann gleichen Glaubens verbunden zu wissen. Das Problem der unterschiedlichen Volkszugehörigkeit wie bei Asril und Martha hatte Lena wohl kaum beschäftigt. Sie befanden sich nicht mehr im Südland. Für sie ging es um ein neues Leben und nichts anderes.

Dank vorhandener Arbeit konnten immer mehr Menschen das Lager verlassen. Die ersten Häuser waren noch sehr einfach gebaut – ein Bambusboden auf hölzernen Stelzen, vier Wände und ein Sagodach darüber –, aber sie gehörten den Leuten. Bildeten ein paar Familien eine fleißige Arbeitsgruppe, stand das Haus in einem Tag.

Damjans und Rusminis Haus, das im brachliegenden Dreieck eines Reisfeldes lag und dem Arbeitgeber gehörte, weckte lebhafte Erinnerungen an die Hütte in ihrer ehemaligen Pflanzung oberhalb von Wandula. Rusmini wurde beinahe von aufwallendem Heimweh überwältigt. Aber sie war zu beschäftigt, um sich solchen Gefühlen hinzugeben. Arbeitete sie nicht im Reisfeld, flocht sie neue Schlafmatten oder putzte und kämmte Kapok für Kissen im neuen Heim.

Wieder einmal zurück vom gewohnten Marsch übers Gebirge, brachte Damjan Rattan-Stücke mit. Aus ihnen und einem Sarong fertigte er eine federnde, am Dachsparren befestigte Wiege, die gewissermaßen die neue Seßhaftigkeit markierte. Und als ob die Zeit der Flucht wettgemacht werden müßte, wiegte Rusmini Natan unablässig. Seine ersten, zaghaften Schritte machte er als fast Einjähriger, und bald war der vor Freude übersprudelnde Knirps ständig auf Entdeckungen aus.

Als die Gepäckträger eine Flaute hatten und auch die Landarbeiter bis zur Reisernte aussetzen mußten, konnten sie endlich einmal ihr Familienleben genießen. Es war früh am Nachmittag. Schwer lastete die Hitze über den Hütten. Nach der morgendlichen Arbeit ruhte alles. Sie hatten gegessen. Rusmini wiegte Natan. Leise ächzte die Wiege im Raum. Damjan saß werkelnd unter der Tür, im Schatten des Vordachs. Soeben war ein Besen aus Palmenfasern entstanden. Nun schnitzelte er summend an einem Stück Bambus herum.

»Bapak Natan, was machst du?«

»Eine Flöte!« und er schaute belustigt auf. »So können wir wieder Duette spielen.« Seine Flöte war in Nuha bei Mama Asril zurückgeblieben.

Rusmini lächelte still, aber im Herzen jubelte sie. Er wollte also bleiben!

»Wenn sie gut wird, mache ich noch andere, Mama Natan«, meinte er begeistert, »wir lehren die Leute, auf der Flöte zu spielen, und gründen eine Band!«

In den folgenden Monaten baute die Flüchtlingsgemeinde eine Kirche aus Palmenholz und versah sie mit rohen Bänken, die sie mangels Nägeln mit Rattan band. Alles geschah mit Liebe. So besiegelten sie ihre neue Seßhaftigkeit mit dem Werk ihrer Hände.

Überall ragten Baumstämme auf, die oben im Blätterdach verschwanden. Aus dem Gestrüpp am Grund strebte junger, dorniger Rattan empor, immer neuen Halt suchend. Tief unten in der Schlucht schäumte ein Flüßchen über Stock und Stein.

Auf dem gründämmerigen Dschungelweg erschienen sechs kleine, abgerissen gekleidete, barfüßige, drahtige Männer im Gänsemarsch, alle hoch beladen. Soeben erreichte der erste den Baumstamm, der die Schlucht überspannte. Gewandt und geschmeidig, die Arme leicht angehoben, betrat er das von zahllosen Fußsohlen geglättete Holz. Er war etwas größer als die anderen und trug einen mächtigen Baso. Sein Stirnband war dunkel vom Schweiß, der ihm über Gesicht und Nacken perlte. Drüben angekommen, trat er beiseite, ließ sich nieder und wartete auf die anderen.

»Hier können wir rasten«, sagte Asril, knapp wie immer. Die Männer legten ihre Lasten ab, setzten sich ächzend und losten, wer in der Schlucht unten Wasser holen müsse. Dann packten sie ihren Reis aus und aßen schweigend. Außer Asril waren noch Damjan, drei weitere Freunde aus dem Südland sowie Pfarrer Josefs Schwager Jona dabei. Sie übernahmen die Trägerarbeit gewöhnlich gemeinsam. Das hatte sie zusammengeschweißt. Außer Asril sorgten alle für eine Familie. Jeder erhoffte sich eine Landzuteilung für eine ständige Arbeit mit Zukunft. Dann wären sie höchstens noch ausnahmsweise auf das anstrengende Lastentragen angewiesen.

Gleichwohl, der Trägerberuf hatte auch Vorteile. Jenseits der Berge am Poso-See erfuhr man vielleicht eher etwas als im bewachten Lager in der Ebene. Aus Gründen der Sicherheit wurde die Öffentlichkeit von der Regierung nicht informiert. So wußte man nie, wie der Kampf in Wirklichkeit stand. Für die Armee arbeitend, versuchten sie über einen Schwatz etwas mehr zu erfahren. Doch zu ihrer Enttäuschung wußten die Soldaten wenig über die umfassendere Lage. Beeinflußt von Aufständischen, sympathisierten einige gar mit einem islamischen Staat, den sie allerdings nicht gewaltsam, sondern mit politischen Mitteln eingeführt wissen wollten.

Immerhin, so schlossen die Männer, keine Nachrichten waren nicht unbedingt schlechte Nachrichten. Doch ihr mangelndes Vertrauen in die Zuverlässigkeit der Armee nährte ihre Unsicherheit. Das Unbehagen wuchs, und so wagten sie es nicht, sich ernsthaft auf die geplanten Landzuteilungen einzulassen.

Jona, der einzige Nicht-Pado-i in der Gruppe, war von Damjan und Asril eingeführt worden. Über ihn und sein Herkommen wußte niemand auch nur das Geringste. Darum wurde er nun eingehend geprüft.

»Jona, du lebst hier. Warum arbeitest du mit uns, mit Flüchtlingen?«

»Weil ich selber Flüchtling bin«, antwortete er arglos.

»Du?« Sie waren verblüfft. »Komm, erzähl!«

Jona spürte die Spannung. Er schob eine letzte Handvoll Reis in den Mund. Während er kaute, konnte er sich fassen.

»Das war vor mehr als einem Jahr, also bevor ihr alle kamt«, begann er vorsichtig. »Damals war ich noch nicht verheiratet und lebte bei meinen Eltern in Barese, einem Dorf in der Ebene nahe der Küste. Dort, auf der Straße von Palopo nach Wotu, ging der ganze Nachschub für die Armee durch. Doch überall im Dschungel wimmelte es von Muzakkars Leuten. Mein Vater war Lehrer und Pfarrer in Barese. Außerdem hatte er noch zwei andere kleine Dörfer kirchlich zu betreuen. Er mußte mit beiden Lagern auskommen, wollte er am Leben bleiben. Wotu, wo die Armee lag, war weit weg. Wir hatten Angst, die Aufständischen würden uns überfallen und in den Dschungel verschleppen, um uns dort gewaltsam zu Moslems zu machen.

Eines Tages wurde mein Vater zum Anführer der Schwarzhelme in den Dschungel befohlen. Dieser wies ihn an, die drei Dörfer bis zu einem bestimmten Datum auf die Islamisierung vorzubereiten. Meinem Vater blieb nichts anderes übrig, als zuzustimmen, wenigstens nach außen hin. Darauf erhielt er einen vertraulichen Brief, der seine persönliche Sicherheit garantierte, wenn er einmal auf Aufständische stoßen sollte.

Beim Verlassen des Dschungels zog er sein verstecktes Fahrrad wieder unter einem Strauch hervor und radelte heimwärts. Plötzlich kam ihm eine Kolonne von Armeefahrzeugen entgegen. Vor lauter Schreck verlor mein Vater beinahe das Gleichgewicht. Hätten sie ihn nämlich angehalten und durchsucht, es wäre sein Ende gewesen! Doch die Kolonne fuhr an ihm vorbei. Als sie außer Sicht war, stieg er ab und warf den belastenden Brief ins Unterholz.

Am Tag darauf ging er nach Wotu, wo sein Lehrerlohn bereitlag. Außerdem kaufte er Lebensmittel. Ich höre meine Mutter noch immer, wie sie sich bitter beklagte, weil die Aufständischen von allen eine Abgabe forderten. Meistens war es Reis, weil die Leute Reisfelder besaßen. Von meinem Vater, der Bargeld hatte, verlangten sie hingegen jeden Monat zehn Pakete Zigaretten, zehn Kilogramm Zukker und eine Menge alkoholischer Getränke. Damit war sein Gehalt jeweils fast aufgebraucht.

Dann kam der Sonntag. Vater war darauf gefaßt, seine drei kleinen Gemeinden zum letzten Mal zu sehen. Ich war gespannt, was er ihnen mit auf den Weg geben würde, und schloß mich an. ›Bleibt Jesus treu, auch wenn ihr sterben müßt‹, sagte er. In Barese waren Spione im Gottesdienst – darunter auch Leute von uns! –, die wütend die Kirche verließen. Noch bevor sie im Dschungel verschwanden, hackten sie vor der Kirche eine Bananenstaude um. Damit wollten sie zeigen, was ihn erwartete. Zuerst war ich wie versteinert, als ich daran dachte, was meinem Vater als nächstes widerfahren könnte.

Noch am gleichen Abend – wir waren gerade beim Essen – erschienen drei Männer. ›Der Kommandant hat dir etwas Wichtiges zu sagen‹, richteten sie aus.

›Gut! Ihr geht voran‹, sagte mein Vater ruhig. ›Ich komme nach. Da ist ein Geschenk für ihn‹, wobei er ihnen den Zucker und die Zigaretten übergab, ›und daß ihr mir sie nicht raucht unterwegs!‹

Die drei verschwanden. Vater ging ins Schlafzimmer. Ich weiß, er betete dort. Wir warteten. Unsere Knie zitterten. Ich nehme an, wir haben auch gebetet. Schließlich erschien er wieder, als ob nichts geschehen wäre. ›Macht euch fertig, so schnell ihr könnt!‹ befahl er. ›Wir verlassen Wotu.‹ Zwölf Personen waren im Haus, und es herrschte ein fürchterliches Durcheinander. Ich weiß heute nicht mehr, was ich in diesen letzten Minuten gemacht habe. Meine Mutter suchte Kleider zusammen. Mein Vater löste die Nähmaschine aus ihrem hölzernen Rahmen und hängte sie ans Fahrrad, das er auch sonst noch belud. Dann stieß er es neben sich her, während wir die Lebensmittel trugen. Fünf Stunden marschierten wir und rechneten jede Minute mit dem Überfall der Aufständischen.

Nie werde ich die funkelnden Sterne jener Nacht vergessen. Zu meiner Beruhigung versuchte ich sie zu zählen. Ich mußte an Abraham denken, der auch zu diesen Sternen aufgeschaut und Gottes Versprechen geglaubt hatte, er werde sein Geschlecht mehren wie die Sterne am Himmel. Und mit einem Mal wußte ich, auch ich würde Nachkommen haben.

Um Mitternacht herum waren wir von Armeesoldaten umstellt. Der Zugführer erkannte meinen Vater. Auf sein Verlangen hin machten sich Soldaten in zwei Gruppen noch vor der Morgendämmerung auf den Weg und brachten die Leute aus diesen drei Dörfern sicher nach Wotu. Dort erhielten wir ein Stück Land, wo wir unsere Hütten bauten. So rettete mein Vater seine Gemeinden, und so wurden wir Flüchtlinge.«

Stumm hatten die anderen zugehört. Zum ersten Mal sahen sie die Lage in einem größeren Zusammenhang.

»Nun ist es ruhig«, fuhr Jona fort. »Dennoch sind die Aufständischen hier im Dschungel. Auf Schritt und Tritt habe ich Angst, ihnen zu begegnen. Aber mit euch arbeiten ist immer noch besser, als im Lager die Zeit totschlagen zu müssen. So langweile ich mich nicht, und für meine Frau und die Kleine bringe ich etwas Geld heim.« Er bemerkte die andauernde Stille und versuchte, sie mit unsicher werdender Stimme zu füllen. Doch das war unnötig. In den Augen der Gruppe hatte er seine Vertrauenswürdigkeit bewiesen.

»Wie alt ist das Kind?« fragte einer.

»Es ist eben zur Welt gekommen, als wir diesen Marsch angetreten haben.«

»Danke, Jona«, sagte Asril und indem er aufstand: »So laßt uns nun weitergehen.« Worauf sich alle erhoben.

Während des weiteren Marsches kreisten die Gedanken und Gespräche der fünf Pado-i unablässig um ihre ehemalige Heimat. Nachdem die Regierungstruppen die Stadt aufgegeben hatten, war Malili nur noch ein verkohlter Trümmerhaufen. Das letzte Stück Südland war in Feindeshand. Ob ihre zurückgelassenen Lieben in unfreiwilliger Unterordnung lebten, ob sie irgendwo im Dschungel den Hungertod erlitten, sich versteckten oder gar hingerichtet worden waren – es gab keine Möglichkeit, das zu erfahren. Sie mußten sich damit begnügen, selber noch am Leben zu sein, im Lager in Pakatan Obdach zu haben sowie Aussicht auf eine Zukunft – ein Versprechen, das nun allerdings fragwürdig geworden war. Der Terror aus dem Dschungel umgab und bedrohte sie auch hier wieder und wartete nur darauf, ihre Siedlung in der Ebene zu zerstören.

Was immer die Leute denken mochten – es *mußte* etwas geschehen.

Rusmini saß unter dem Haus zwischen den Stelzen und löste Maiskörner von den Kolben. Natan stand vor ihr. Mit der einen Hand klammerte er sich an ihr Knie, die andere war voller Körner. Sie strich ihm mit einem Finger liebevoll über sein hübsches Näschen. Als er nach den Körnern greifen wollte, rollten sie auf den Boden. Er lachte, und Rusmini stimmte ein. Er war so süß, sie hätte ihn fressen können.

Damjan war auch zu Hause. Er hatte ein Nest für die Hennen gemacht, das unter der Dachtraufe aufgehängt werden sollte, war aber nicht fertig geworden. Nun fingerte er an seiner Flöte herum und versuchte eine neue Melodie. Immer wieder machte er dieselben Fehler. Das ging Rusmini langsam, aber sicher auf die Nerven. Warum erfaßte ein geübter Bläser wie Damjan diese Melodie nicht besser? In letzter Zeit war ihr aufgefallen, wie rastlos und fahrig er geworden war.

»Was ist los mit dir, Bapak Natan?« fragte sie halbwegs im Scherz.

»Warum?« wollte er wissen. Es hörte sich an, als müsse er sich verteidigen. »Ist irgendwas los?«

»Du weißt genau, daß etwas los ist! Du bist so unruhig wie ein Rudel Affen. Also, was denn?« bohrte sie weiter.

Damjan zögerte. Sie strahlte eine so fröhliche Beständigkeit aus, die er nicht zerstören wollte, auch wenn der Tag kommen würde, wo ihm nichts anderes mehr übrigblieb.

»Die Nachrichten sind nicht gut, Mama Natan«, begann er, innerlich um Gelassenheit ringend. »Unsere Träger sind besorgt über unsere Lage hier. Wir ... möglicherweise, wenn ...«

Die Worte blieben ihm im Hals stecken, seine Kehle war wie ausgetrocknet. Doch dann zwang er sich zu sagen: »Möglicherweise müssen wir noch einmal weiter.« Nun war es heraus. Er schaute ihr in die Augen und sah, wie sie sich ein wenig weiteten.

Rusmini hatte bereits gefürchtet, daß Damjans Rastlosigkeit damit zusammenhängen könnte. Doch sie hatte diesen unwillkommenen Gedanken bisher immer von sich gewiesen. Sie seufzte, blieb aber ruhig. »Wohin soll's diesmal gehen?«

Er wies nach Norden. Rusmini folgte seinem Arm und sah den bekannten, jäh abfallenden Hang, der sie vom Norden trennte. Immer schon ehrfurchtgebietend, erschien er ihr in diesem Augenblick geradezu unüberwindlich. Ihr Mut sank.

»Müssen wir, Bapak Natan? Wie kannst du wissen, ob wir dann dort bleiben können?« schrie sie, von quälendem Zweifel geschüttelt.

»Wir werden nicht lange dort sein. Weiter geht es dann ostwärts nach Mori.«

Dort lebten ihre Stammesverwandten. Das war das Ziel derer, die von Wandula Richtung Norden fliehen wollten und dann im Dschungel umkamen.

»Wann, Bapak Natan?« fragte sie tonlos.

»Sobald als möglich.«

»Aber jetzt haben wir doch erst den Reis gepflanzt, und die Regenzeit rückt näher«, flehte sie ihn an.

»Wir werden dem Regen zuvorkommen.«

»Schau den Mais an, Bapak Natan. Ich habe ihn getrocknet, und hier sind nun die Körner. Was meinst du dazu?«

»Den nehmen wir mit.«

»Bapak Natan . . .«

»Ich weiß.« Ein entsetzlicher Gedanke blitzte in ihm auf.

Eindringlich warnend fuhr er fort: »Es hat den Anschein von Irrsinn. Aber ich spüre: Wenn wir abwarten, werden wir plötzlich unvorbereitet vor ihnen wegrennen. Dann wird es wieder wie in Nuha sein.«

Rusmini schauderte und gab auf. Laufen, immer nur laufen! Sie sehnte sich so nach einem eigenen Heim. Der Kleine spielte fröhlich mit Erde und legte Steine in einen Bambusbehälter, den er wieder kippte. Damjan begegnete der unergründlichen Tiefe in Natans Augen, die ihn vertrauensvoll anblickten. Er streichelte ihn, und sein Gesicht entspannte sich.

»Es geht um das Kind und seine Zukunft, Mama Natan«, sagte er schlicht. Dabei schloß er alle noch Ungeborenen mit ein, für die er ebenfalls hoffte, sie würden einmal die innere Freiheit als die wahre Freiheit erfahren.

Später beriet sich Damjan mit Asril. »Jaja«, sagte der, »wenn du das so spürst, dann geh mit deiner Familie, schlage an einem neuen Ort Wurzeln.« Asril schien nicht abgeneigt, sie zu begleiten. Wortkarg wie immer sagte er aber nur: »Vielleicht später.« Damjan wußte, mehr würde er jetzt nicht von Asril hören.

In größter Eile begannen nun für Damjan und die übrigen Träger samt ihren Familien die Vorbereitungen für den Aufbruch nach Mori. Zuerst hatten die Männer die schwere Habe auf den Paß hinaufzutragen. Dort wurde sie verstaut. Dann sollten sie zurückkehren und ihre Familien abholen.

Am Tag vor dem Transport stellte Rusmini alles zusammen, was sich mit der Zeit in Pakatan angesammelt hatte. Es waren einige Schlafmatten, ein Leintuch, vier Kissen, drei Töpfe, einige Platten und Schalen, etliche Küchengeräte, ein wertvolles Moskitonetz sowie der von ihrem Mann geschenkte Parang, dessen Scheide sie in vielen

Stunden mit Schnitzereien verziert hatte. Diesen und den kleinsten Kochtopf aus Ton legte sie beiseite. Alles übrige, samt fünf Kilogramm Reis für unterwegs, packte sie in den Baso ihres Mannes.

Noch vor der Morgendämmerung des folgenden Tages waren Damjan und seine Kollegen bereits aufgebrochen. Rusmini hatte sich mit Natan noch einmal schlafen gelegt. Nun war im Haus nicht mehr viel zu tun. Die Zurückbleibenden würden es zerlegen und verwenden, was sie gebrauchen konnten. Die Hennen waren verkauft, ihre Nester sowie die Wassergefäße gingen an Freunde. Lena hatte sie um den Mörser aus Ebenholz gebeten, in dem der Reis geschält wurde. Es war Rusminis einziger wertvoller Besitz, aber schwer wie Stein, ein Geschenk von Lenas Schwiegereltern.

Rusminis Blick fiel auf den blanken Boden. Nun war das Haus leer. Nur oben am Dachsparren hing noch Natans Wiege. Die holte sie herunter, schnitt die Federung aus Rattan weg und nahm sie zu ihren Sachen. Plötzlich erinnerte sie sich wieder genau an den Tag, an dem Damjan damit nach Hause gekommen und die Wiege gemacht hatte. Tränen traten in ihre Augen. Sie verließ mit dem Kleinen das Haus. Sie und Natan würden bis zur Rückkehr der Männer bei einer anderen Familie Unterschlupf finden.

Ihre Augen glitten über die Reisfelder, die das Haus umgaben. Aufrecht ragten die Reihen der blaugrünen Schößlinge aus der glitzernden Wasserfläche und schienen die Sonne zu grüßen. Hatte sie nicht knietief im Schlamm gestanden, um sie zu pflanzen? Sie war stolz darauf, wie gleichmäßig die Schößlinge standen. Bitterkeit wollte in ihrem Herzen aufsteigen. Doch dann wandte sie sich entschlossen um, nahm Natan bei der Hand und drehte dem kleinen Haus den Rücken zu.

Als die Männer eine Woche später zurückkamen, konnten sie täglich sehen, wie es in den Bergen regnete. Der Fluß schwoll an, wurde reißend und begann, über die Ufer zu treten und die sumpfige Ebene zu überfluten. Nun würde es vorläufig nur noch nasser werden ...

Abschiednehmen – daran würde man sich nie gewöhnen. Wer konnte schon so hartherzig sein, seine Verwandten und alle, mit denen man eine persönliche Beziehung aufgebaut hatte, so mir nichts dir nichts zu verlassen?

Es waren Lena und ihr Mann, die Verwandte und Freunde zum Abschied eingeladen hatten. Sie selber konnten sich nicht entschließen, die familieneigenen Reisfelder aufzugeben. Asril, der fand, wegzugehen sei gut für Familien, nicht aber für ihn, war ebenfalls dort. Hinzu kamen jene, die Damjan und Rusmini geholfen hatten, in den vergangenen Monaten einen gewissen Frieden zu finden. Und nicht zu vergessen Pfarrer Josef und seine Frau. Ihr Zuhause war nun in der neuen Siedlung, wo er als Seelsorger wirkte, wo immer man ihn brauchte. Am Vorabend der Abreise versammelte Pfarrer Josef in einem der Häuser alle zu einem Gottesdienst und befahl die Weiterziehenden in Gottes Obhut.

Damjan kam Asrils Entschluß hierzubleiben hart an. Er begann etwas von der Bürde des Leiters zu spüren. Ihm war klar, er würde jene unergründliche Kraft, die von seinem Bruder ausging, vermissen. Noch war seine Seele heiter gestimmt. Er neckte Rusmini. »Rusmi! Wolltest du nicht noch einmal heiraten, wenn wir Pfarrer Josef gefunden haben? Ich habe es dir doch versprochen. Die Zeit würde noch reichen, bevor wir gehen.«*

* Nach vielen Jahren, als sich die Lage wieder beruhigt hatte, bot die Kirche von Zentral-Sulawesi allen unter islamischer Herrschaft legal Getrauten die nachträgliche christliche Trauung an.

Rusmini erinnerte sich durchaus, wie sie sich nach einer kirchlichen Trauung gesehnt hatte. Nun schien alles so weit zurückzuliegen. Die Gedanken an die Sarongs und anderen Geschenke, die einer Pado-i-Braut zugestanden hätten, aber auch die Zeremonie, die nicht stattgefunden hatte, berührten sie nicht mehr. Diese Erkenntnis löste bei ihr ein eigentümliches Lächeln aus. »Nein, Bapak Natan. Einmal genügt. Gott hat uns zusammengehalten und auch gesegnet.«

Schroffe Felsen

Ein neuer Tag brach an, still und klar nach einer regnerischen Nacht. Die morgendliche Brise sorgte für eine herbe Frische. Noch hing etwas Gewölk über den Tälern und bekränzte die Berggipfel. Bei der Kirche des Flüchtlingslagers unten in der Ebene sammelten sich die Wegziehenden mit ihren Familien und Freunden.

Rusmini wußte nicht, wie viele Menschen sie umarmt und an wie viele Wangen sie sich geschmiegt hatte – eine tränenüberströmte Mutter, eine schluchzende Lena, einen ausdruckslosen Asril, die javanische Familie, in deren Reisfeld sie gearbeitet hatte, die verwaisten Kinder, die sie seit der Abfahrt in Malili begleitet hatten, und andere Freunde. Alle sahen sie sich durch die Tränen nur noch verschwommen.

Damjan war ungeduldig. Die Zeit drängte. Sie *mußten* die Ebene, die keinen Schutz vor der Sonne bot, noch vor der großen Hitze hinter sich bringen. Auch sollten sie möglichst weit kommen, bevor der Regen einsetzte. Damjan schulterte seinen großen Baso, rückte ihn zurecht und richtete das Stirnband. Zuoberst thronte der bald zweijährige Natan, jauchzend vor Vergnügen. Was der Baso nicht faßte, steckte im großen Bündel, das Rusmini auf ihren Rücken hob. An ihrer Seite hing der Parang. Nun ergriff sie noch den tönernen Topf. Ähnlich beladen waren auch die anderen, als sie sich auf den Weg machten – zehn Erwachsene, vier Säuglinge, sechs Kleinkinder.

Um die Mittagszeit begann es zu regnen. Sie zogen dichte Matten hervor, bedeckten ihre Köpfe und Ladungen samt den eingeschlafenen Kindern. Feucht war die Luft, monoton prasselte der heftige Regen und erstickte jedes Wort. Zwischen den Zehen quoll Schlamm heraus und klebte an den Beinen fest. Dennoch gab es nur eines: weiterplatschen im glitschigen Schlick. Den Fluß wollten sie noch bei Tag überqueren. Also immerzu vorwärts. Gegessen wurde im Gehen. Im feuchten Dunst spähten sie nach dem markanten Einschnitt, wo das Wasser, aus felsiger Enge befreit, zu Tal strömte. Der Fluß stand hoch, als sie dort ankamen, und der Fährmann verweigerte die Überfahrt. Wohl oder übel bezogen sie die für solche Fälle bereitstehende Hütte. Aus dem benachbarten Dorf stammte die Familie von Lenas Mann. Als man dort hörte, Lenas Schwester sei hier, erschienen Besucher mit gekochtem Reis. Bis tief in die Nacht erzählten sie.

Am andern Tag trockneten sie im Sonnenschein ihre Sachen und warteten auf den Bescheid für die Überfahrt. Zu tun gab es nichts. Die Wetterwolken zogen bergwärts. Darauf gefaßt, eine weitere Nacht hier zu verbringen, dösten sie in der Nachmittagshitze. Doch plötzlich rief der Fährmann energisch: »Kommt sofort! Der Fluß beginnt zu steigen. Dort oben regnet es wieder!« Fuchtelnd wies er in die Höhe, wo die Bergwände sich in den Wolken verloren. Alles schoß auf. Kinder und Bündel ergreifend, eilten sie ans Ufer des lehmiggelb getrübten Flusses. Viermal fuhr der Einbaum hin und her, vom Fährmann sicher gesteuert, hier eine Stromschnelle durchschneidend, dort die Strömung geschickt nutzend. Die geduckt sitzenden Mitfahrer klammerten sich starr an den rauhen Rand des Einbaums.

Damjan bezahlte, dann zogen sie weiter. Die Straße war in einen erbärmlichen, von Viehhufen aufgeweichten Pfad übergegangen. Bei jedem Schritt versanken sie knöcheltief im Matsch. Mühsam schleppten sie sich weiter. Wer nicht geschickt die Ränder wählte, sackte bis zu den Knien ein. Die letzten Hütten der Pflanzungen lagen hinter ihnen. Nun goß es wieder in Strömen. Doch dann entdeckten sie vor dem Hintergrund des dunklen, regennassen Dschungels eine Hütte. Sie war verlassen. Wasser rann durchs Dach. Dennoch legten sie kurzerhand ab. Die Männer nahmen ihre Parangs und begannen, die Löcher abzudichten. Im durchnäßten Inneren ließ sich kein Feuer entfachen. So aßen sie dankbar, was sie geschenkt bekommen hatten, und legten sich hin.

Nach einer wechselvollen Nacht begann es zögernd zu tagen. Trüb und feucht war es. Eine Mutter wollte ihren Kleinen stillen und schrie entsetzt: »Auweia! Er hat einen Blutegel im Auge!« Der Blutegel hatte sich in einer weichen Hautfalte festgesaugt. Dick geworden, füllte er die Augenhöhle. Eben wollte ihn die Mutter abstreifen, doch der Aufschrei ihrer Nachbarin ließ sie innehalten. »Paß doch auf! So kannst du das Auge verletzen. Warte, wir versuchen es mit Salzwasser.« Tatsächlich gab der Egel nach wenigen Tropfen auf und ließ los.

Mittlerweile war alles wach. Die Mütter untersuchten ihre Kinder. Rusmini hatte Natan in einen Sarong gewikkelt und die ganze Nacht über in ihrem Arm gehalten. Bei ihm fand sie so ein Biest am einen Ohr. Niemand war von diesen nächtlichen Eindringlingen verschont geblieben. Sie hatten ihren Weg durch alle Kleider gefunden und sorgten für einen verspäteten Aufbruch.

Der Tag wurde hart. Sie kletterten und kletterten und trugen dabei die Kinder über den felsigen Steig, der den Fluß in den Dschungel begleitete. Damjan reichte seiner Frau einen Bambusstock. *»Hier, Rusmi, der hilft dir. Je schneller du gehst, desto weniger brauchst du ihn«,* brüllte er durch das Tosen des Wassers. Behutsam ging es weiter zwischen Geröll und Schlammlöchern. Mit dem Stecken schob Rusmini immer wieder Blutegel von den Füßen, noch bevor sie sich festsaugen konnten.

An diesem Tag regnete es nicht. Sie hielten frühzeitig

an, um ein gutes Lager herzurichten. Die Frauen suchten trockenes Holz. Solange es noch Tag war, erlaubte Damjan kein Feuer. Er fürchtete den verräterischen Rauch. Obwohl sie als Gepäckträger auf ihren Märschen nie Aufständischen begegnet waren, mahnte ihn Jonas Bericht zur Vorsicht.

Die Männer waren nun mit dem Bau einer Schutzhütte beschäftigt. »Heute nacht müssen alle gut schlafen. Morgen besteigen wir den großen Kayu Langi«, sagten sie, während sie junge Stämme entasteten, als Stützen zuschnitten und das Laub für das Dach bereitlegten, »und für die Kinder gibt es einen besonderen Platz.« Für sie wurde unter dem Blätterdach ein ausreichendes, mit Matten gedecktes Grasbett hergerichtet. Wechselweise wachten die Eltern während der Nacht im schwachen Glutlicht der Fakkel. Die Kinder wurden nach Blutegeln abgesucht. Immer wieder wurde man fündig.

Kayu Langi bedeutete »Himmelsbäume« oder »Hohe Bäume«, denn der Berg war mit ungewöhnlich großen Bäumen bewachsen. Man sagte auch, wenn ein Kletterer die Südflanke erklimme, begegne er einem Heer mächtiger Stämme, das ihn stets überrage und dessen Laubdach ihm den Himmel verdunkle.

Der Weg auf den Kayu Langi folgte einem gerodeten Einschnitt. Während des Zweiten Weltkriegs hatten die Japaner als Besatzungsmacht Straßen durch dieses Gebirge gebaut. Einheimische waren zur Arbeit gezwungen worden und hatten entlang dieses Weges unter unbeschreiblichen Bedingungen in Lagern leben müssen. Für die von den Japanern quer durch Sulawesi geplante Straßenverbindung waren viele Leben geopfert worden. Wegen der Gefechte mit den Aufständischen verfiel die unbenützbar gewordene Straße von Tag zu Tag, und genauso schnell kehrte der Dschungel zurück. In engen Windungen führte der

Weg zum höchsten Paß hinauf, immer wieder durchbrochen von abkürzenden Pfaden, denen sie meistens folgten.

Grimmig, aber behutsam kämpften sie sich über Morast, Wurzeln und Felsen Schritt um Schritt steil aufwärts. Wohl hatten die an solche Strapazen gewöhnten Männer versucht, ihre Frauen darauf vorzubereiten. Doch die Wirklichkeit war nicht vorstellbar gewesen. Müde und mißgelaunt stiegen die Frauen unter Tränen hinterher. Alle Kinder mußten von den Eltern getragen werden, entweder im Baso oder im Tuch auf dem Rücken. Die Hände wurden für den Aufstieg benötigt.

Als sie aufwärts blickte, sah Rusmini Erdwälle, die mit Wurzelwerk netzartig befestigt waren. Darüber gewahrte sie die gigantischen Stämme, deren mächtige Kronen den Himmel verbargen. Ihr war, als würde sie sein Blau nie mehr sehen und hier in der feuchten, gründüsteren Welt unter dem endlosen Baldachin für immer gefangen bleiben.

Natan lag festgebunden in Damjans Baso und schlief. Das Kind einer anderen Frau baumelte im Tragetuch auf Rusminis Rücken. Jona und Sri, seine Frau, die ihren Säugling trug, halfen, wo sie konnten.

Plötzlich ergoß sich ein Schwall Erde über Rusmini. Mit einer Halsverrenkung zwang sie sich, zu Damjan aufzublicken, dessen Füße tastend Tritt zu fassen suchten. Dabei löste sich manchmal Erde. Breitbeinig stand er barfuß mit gespreizten Zehen über ihr. Mehr sah sie nicht von ihm. Sein großer Baso nahm ihr die restliche Sicht. Dann aber traute sie ihren Augen kaum: Da hing doch wahrhaftig der zerbrechliche, von ihr sorgsam gehütete Tontopf auf der Rückseite des Baso! Aber zu mehr als einem resignierten Seufzer reichte ihre Kraft nicht aus.

Rusmini blieb nichts anderes übrig, als Damjan zu folgen. Das beanspruchte sie restlos. Keuchend lehnte sie sich gegen den Hang, griff mit den Händen unter das eine Knie, zog das Bein für den nächsten Tritt hoch. Dann kam das andere dran. Und so ging es mühsam weiter. Langsam, unglaublich langsam, zwang sie sich zum Aufstieg, krallte sich manchmal haltsuchend am Boden fest, benommen von Schwäche, vermied jedoch jegliche Rast. Sie könnte ja einschlafen und samt dem Kind in die Tiefe rollen.

Endlos schien der Weg nach oben. Jeglicher Zeitbegriff war ihnen abhanden gekommen. Eines nur wußten sie alle: weitersteigen, immerzu weitersteigen. Als Helligkeit sie erschreckte, glaubte Rusmini an eine Sinnestäuschung, doch das Licht machte sie blinzeln. Der Baumbestand wurde lichter. Die Sonne drang durch eine Lücke im Blätterdach. Damjan rief etwas Unverständliches und verschwand. Unsäglich schwach schleppte sich Rusmini hinter ihm aufwärts und kroch auf eine felsige Stelle. Niedriges Gestrüpp und rankende Reben bedeckten nur dürftig einen Aufbau aus Gestein und Zement. Sie hatten die Stützmauer einer verfallenen japanischen Festung erklommen.

Damjan, den Kopf auf seine Knie gesenkt, saß schwer schnaufend neben dem Reststück des einstigen Straßenbaus. Daneben quengelte Natan unbeachtet im Baso. Zu Rusminis großer Erleichterung schlief das Kind in ihrem Tragetuch noch immer. So kroch sie unter einen Baum, zog ihre lebende Last nach vorn und lehnte sich gegen den Stamm. Dann glitt sie langsam seitwärts zu Boden.

Nun trafen auch die andern Frauen unter Ächzen und Stöhnen hintereinander ein. Erschöpft lagerten sie durcheinander, schwer atmend, schwitzend und schmutzig. Sie stillten ihre Kinder und forschten immer noch nach Blutegeln. Deren Bisse juckten sie irrsinnig, doch das Kratzen hätte alles nur noch verschlimmert.

Am Rande des Weges bestand noch ein Teil der ehemaligen Entwässerung. Irgendwie gelang es ihnen, ihre Lippen im klaren, fließenden Wasser des Grabens zu kühlen. Die Männer waren weitergegangen und wollten für ein Lager sorgen. Nur Jona blieb bei Sri, deren Fuß verletzt war. Nach Kräutern suchend, fand er Blätter, die sich zu einem Becher rollen ließen, worauf er ihr auch zu trinken gab.

Dort, wo der Wassergraben sich in ein tief unten rauschendes Flüßchen ergoß, stand eine Hütte, geräumig und trocken. Sie hatte den Trägern schon oft gedient. Es wurde Feuer gemacht. Die Frauen begannen zu kochen. Erschöpft, wie sie waren, ging alles langsam voran. Der Proviant war bereits knapp geworden. Das konnte für die Kinder schwierig werden. Auf dieser Höhe gab es weder Rattan- noch Bambussprossen, und für Waldnüsse war die Zeit vorbei. Nun wurde der Reisvorrat für die Kinder bestimmt. Die Erwachsenen wollten sich mit dem noch vorhandenen Ubi behelfen.

Das Rauschen des Flüßchens drang in die Hütte und erschwerte die Unterhaltung. Zu lautem Reden hatte niemand Lust. So saßen sie mit gekreuzten Beinen am Boden und aßen wortlos ihr karges Mahl. Kaum waren sie fertig, schoß plötzlich einer auf und rannte mit frohlockendem Schrei an den Rand der Schlucht. Zwei andere folgten ihm. Nun vernahmen auch die übrigen über dem Rauschen des Wassers das dröhnende Rufen eines Dschungelfroschs. Nach kurzer Zeit brachten die Männer übers ganze Gesicht strahlend vier große Frösche, die sogleich im Kochtopf landeten. Ihre Schenkel und die fetten Bäuche sorgten unverhofft für sattes Wohlbehagen und eine erholsame Nacht.

Am andern Morgen schüttete es. Ein Tagesmarsch war darum nicht möglich. Sie würden das Lager möglichst frühzeitig aufschlagen, am besten gleich auf der anderen Seite eines kleineren Flusses, der nicht mehr weit entfernt war. Als sie durch ein abgeholztes Dschungelgebiet kamen, das schon unter Wasser stand, trieb Damjan sie zur Eile an, obschon er in der Ferne ein verdächtiges Tosen vernahm. Der Fluß war bereits angeschwollen und begann über die Ufer zu treten. Die einstige Holzbrücke war weggefault. Sie spähten umher und loteten eine Untiefe für den Übergang aus. Überall war es schlüpfrig.

Dennoch waren die ersten bald außer Gefahr. Schon watete eine zweite Gruppe durch die Mitte, wobei sie sich gegenseitig festhielten und stützten. Mit der Strömung gehend, tasteten sie sich behutsam durch die schäumende Flut, als ein schriller Schrei ihre Blicke flußaufwärts lenkte. Braun kam eine hohe, wirbelnde Welle voller Felsbrocken daher und ließ sie vor Schreck erstarren. Damjan befahl denen, die kurz zuvor mit ihm ins Wasser gestiegen waren, ans Ufer zurückzukommen. Die anderen trieb er lauthals an, sich drüben in Sicherheit zu bringen. Als er sich dann selber anschickte, das rückwärtige Ufer wieder zu erklimmen, reichte ihm das Wasser bereits an die Hüften.

Über das wogende Wasser hinweg blickten sich die Getrennten ratlos an. Sri kauerte neben Rusmini, elend und fassungslos, mit ihrem Säugling im Tragetuch über der Brust. Dort verbarg sie ihr Gesicht, ihre Schultern zuckten. Jona sah es aus der Ferne. Rusmini legte ihren Arm um die Zitternde und versuchte, die jüngste unter den Müttern zu trösten.

Am anderen Ufer fand man wenigstens einen brauchbaren Unterstand. Schlimm erging es hingegen den Zurückgebliebenen. Sie verbrachten eine schlaflose Nacht in Feuchtigkeit und Kälte. Auch machte ihnen die Verzögerung des Übergangs zu schaffen, hatten sie doch nur noch für einen Tag zu essen.

Am folgenden Morgen regnete es nicht mehr. In der zweiten Hälfte des Vormittags hatte sich der Wasserstand soweit gesenkt, daß die Durchquerung gewagt werden konnte. Als sie wieder vereint waren, aßen sie zusammen – die Kinder Reis, die Erwachsenen Farntriebe. Nachdem eine ausreichende Wegzehrung für die Kinder beiseitegelegt worden war, wurde der restliche Reis auf die Familien verteilt. Jetzt gab es keine weiteren Vorräte mehr.

Damjan trieb sie zur Eile an. Er wollte noch vor Einbruch der Dunkelheit den höchsten Paß überschreiten, um unter einem überhängenden Felsen zu kampieren. Dort war es trocken und geschützt, so daß sie bei jedem Wetter Feuer machen konnten. Die Männer bemühten sich, ihre Frauen von den Vorteilen dieses letzten Lagers zu überzeugen. Bis nach Mayoa, dem ersten zum Norden gehörenden Dorf, war es von dort nur noch ein Tagesmarsch.

Das neue Ziel vor Augen, schleppten sie sich mühsam weiter. Auf einem schwierigen, schlüpfrigen Wegstück mußten sie die Kinder tragen. Ihr Schritt verlangsamte sich. Immer mühsamer schleppten sie sich dahin. Alles schmerzte. Die Beine, seltsam gefühllos geworden, wollten ihnen nicht mehr gehorchen. Sie schlitterten und stolperten, geschwächt vom Mangel an Essen und Schlaf. Und abermals quälten sie sich durch strömenden Regen. Es gab keine Rast, bevor nicht der Sattel erreicht war. Stumm stapften sie weiter, stetig steigend, als ob die Wolken ihr Ziel wären.

Plötzlich schlug ihnen eine Böe entgegen. Die Paßhöhe war erreicht! Der heftige Wind durchfuhr ihre zitternden Körper. Regen peitschte ihnen ins Gesicht. Umwirbelt von dichten Nebelwolken, konnten sie sich kaum mehr sehen. Hintereinander tasteten sie sich weiter. An der Spitze stemmte sich Damjan Schritt um Schritt nach vorn. Die Hände über den zusammengekniffenen Augen, suchte er im schwachen Licht den Weg. Im Toben und Tosen des sturmgepeitschten Dschungels kämpften sie sich über den

Sattel. Nach Luft ringend, beinahe blind, taumelten sie weiter. Dabei schützten sie auch noch die Kinder und achteten gleichzeitig darauf, nicht vom Weg abzukommen. Doch dann, beim Abstieg, ließ der Winddruck nach, und nach einer Kurve hatten sie den versprochenen Unterstand erreicht.

Abgewinkelt vom schroffen Massiv, hing eine mächtige Felsplatte frei zum Tal hinaus. Sie würde einer noch größeren Gruppe als ihrer Schutz bieten.

Hinkend und taumelnd kam Sri als erste an und sank sogleich rücklings zu Boden. Ihren Säugling trug sie vorn im Tragetuch. Jona kniete neben ihr und befreite seinen Sohn. Wärmend umfing er den kalten, klammen Körper und massierte die kleinen, fiebrigen Glieder. Andere nahmen sich der erschöpften Sri an, brachten sie in die richtige Lage und ließen sie dann ruhen.

Nach und nach taumelten alle übrigen fünf Familien heran. Die Erwachsenen sanken entkräftet zu Boden und blieben liegen. Von draußen vernahm man das gedämpfte Brausen des Sturms, in das sich das wirre und angstvolle Geschrei der Kinder mischte. Doch die wie tot Herumliegenden waren froh, dem Unwetter entronnen zu sein, und rührten sich nicht. Von ihren Körpern tropfte das Wasser und bildete Pfützen, bevor es versickerte. Unbehelligt saugten sich Blutegel an ihren schmutzigen Gliedern fest.

Steifbeinig begannen sie schließlich abzuladen. Die Männer entfachten zwei Feuer, und alles kauerte um die knisternde Wärme. Noch nie hatten sie sich so elend gefühlt, waren sie so durchnäßt gewesen, noch nie hatten sie so gefroren. Einige Mütter waren zu schwach, um mit ihren schreienden Kleinen zurechtzukommen. Ohne Nahrung weiterzugehen, war für sie undenkbar. So wurde eine Vorhut bestimmt, die bei Tagesanbruch in Mayoa unten Hilfe holen sollte, während die anderen ausruhten. Mit vier, vielleicht fünf Tagen hatte man ursprünglich gerechnet. Jetzt waren sie bereits sieben Tage unterwegs. An diesem Abend bekamen nur die Kinder etwas zu essen. Dennoch wurden sie nicht satt.

Als die Kleinen – so gut wie möglich ins Trockene gelegt – nach geduldigem Zureden eingeschlafen waren, nahm Damjan sein Neues Testament zur Hand und versuchte im Geflacker des Feuers zu lesen. Vergeblich. Er sah zu wenig. Worte, die er einst seiner Mutter vorgelesen hatte, schwirrten ihm wirr durch den müden Kopf. Und wo er sie suchen sollte, war ihm entfallen. Verlegen leitete er in eine stille Andacht über und dann zum gemeinsamen Vaterunser. Zum Singen fehlte ihnen die Kraft. Das Prasseln des Regens ließ auch das Sprechen zur Anstrengung werden. Damjan wollte alle ermutigen und ihnen zeigen, wofür sie dankbar sein konnten. Denn dessen war er gewiß: Ihr himmlischer Vater war mit ihnen, hier und jetzt, wo sie hungrig und erschöpft buchstäblich am Boden lagen. Kein Zweifel, er würde sie an einen sicheren Ort bringen. In ihm waren sie geborgen.

»Wir kennen dich so wenig«, sagte er wie zu sich selbst, während draußen der Regen unvermindert trommelte, »aber wir kamen deinetwegen hierher.«

Der alles durchdringende Geruch von brennendem Holz und die muffige Trockenheit waren tröstlich. Familienweise lagerten sie nun in der geräumigen Höhle. Doch der Schlaf überkommt hungrige Menschen nicht so leicht. Rusmini war ruhelos. Ihre verkrampften Beinmuskeln zuckten und schmerzten. Sie legte den Kopf des schlafenden Natan auf ihren Bauch und hoffte, mit diesem Druck das Knurren im Magen zu mindern. Sie spürte die Feuchtigkeit und fror.

Damjan hatte die Wache abgelöst. Anfänglich hatte er aufrecht und steif in der Mitte zwischen Rusmini und einem der Feuer gesessen. Dann allmählich sank er zusammen. Plötzlich aber schnellte sein Kopf hoch. Er schüttelte sich energisch, stand auf, ging um das Feuer herum, schürte die Glut und legte neues Holz auf. Dann setzte er sich wieder, nahm einen Zweig und begann mit dem Parang zu schnitzen.

Mehr als ein schwaches Lächeln brachte Rusmini nicht zustande. Ihre Wangen waren steif. Sie wollte aufstehen, ihn an sich drücken und ihm sagen, es sei alles gut. Gott wisse alles. In ihm seien sie geborgen wie unter diesem Fels. Aber sie war unfähig. Ihr entkräfteter Körper verweigerte den Gehorsam.

»Armer Damjan«, dachte sie, »er ist so müde ... wir alle sind so müde, müde ...«

Als er zurückkam und sich neben sie legte, reagierte sie nicht. Sie spürte weder seine Hand, noch hörte sie seine geflüsterte Aufmunterung. Die Erschöpfung hatte sie überwältigt.

Im Laufe der Nacht erwachte Rusmini und lauschte. Es regnete nicht mehr. Draußen tropfte es regelmäßig vom Gestein. Auch ein Bächlein plätscherte, weich und beharrlich. Kinder wimmerten im Schlaf. In der Ferne sah sie einige Lichtpunkte blinken. Waren es Sterne? Draußen war es nicht mehr so dunkel und voller Laubwerk wie auf ihrem Weg. Alles war offen. Sie spähte angestrengt: Nichts als Himmel! Rusmini befreite sich von ihrem schlafenden Kind. Um nicht versehentlich auf andere zu treten, kroch sie ins Freie, dem offenen Himmel entgegen. Als sie am Abend in Regen und Nebel angekommen waren, hatte sie keine Ahnung gehabt, wie es hier aussah. Nun stand sie wie angewurzelt, als sie gewahr wurde, was ihr die Morgendämmerung offenbarte.

Irgendwo war der aufgeweichte Weg unmerklich mit einem ziemlich überwachsenen Stück einer ehemaligen

Straße zusammengelaufen, die direkt an ihrem Unterstand vorbeiführte. Vielleicht war es damals eine naturgegebene Unterkunft für jene, die für die Japaner arbeiten mußten. Wie auch immer – hier waren einige Bäume gefällt worden, damit man einen besseren Ausblick hatte.

Rusmini überquerte die alte Straße und staunte ungläubig ins Tal hinaus. Sie wagte kaum zu atmen. Tief unten waren üppige Baumkronen. In der Ferne sah sie das dunkle, graublaue Wasser eines Sees und dahinter schier endlose Bergketten, deren Kämme in den ersten Sonnenstrahlen aufzuleuchten begannen. Dort, wo am Ufer des Sees Rauch aufstieg, mußte Mayoa sein.

Etwas verwirrt kehrte sie zu den anderen zurück. *»Bapak Natan! Bapak Natan! Komm und schau!«*

Mit ihrem ungestümen Rufen weckte sie das ganze Lager. Hals über Kopf rannte alles ins Freie und bewunderte eine Aussicht, die die Niedergeschlagenen wieder aufrichtete.

Für die ehemaligen Träger unter ihnen war das nichts Neues. Doch auch ihnen tat es zutiefst wohl, die ermutigende Wirkung bei jenen mitzuerleben, die das zum ersten Mal sahen.

»Mama Natan, du bist auf der anderen Seite der Welt«, wurde sie geneckt.

»Durchaus möglich, so wie ich fühle!« erwiderte sie mit ihrem ansteckenden Lachen, in das alle erleichtert einstimmten. Gemeinsam verfolgten sie, wie die Sonne unentwegt aufstieg und mit ihrem Licht den ganzen See überflutete.

»Wir können nicht mehr zurück«, sagte sich Rusmini, die daran denken mußte, wie sie sich gestern über diesen hohen Sattel gekämpft hatten, »wir können nur noch vorwärts schauen.« –

An diesem Tag ruhten sich die Familien noch an ihrem Lagerplatz aus.

Damjan machte sich mit zwei andern Männern auf den Weg. Sie wollten in Mayoa Hilfe holen und versprachen, noch vor Sonnenuntergang werde jemand mit Nahrungsmitteln zurücksein.

Das Trio war noch keine zwei Stunden auf der einstigen Straße unterwegs, als sie Stimmen hörten. Kurz darauf kam ihnen eine Gruppe schwerbeladener Leute entgegen. Damjan begrüßte sie. Sichtlich besorgt hielt der Vordermann an, seine Hand am Parang.

»Wer seid ihr?«

»Wir gehören zu einer Gruppe mit Frauen und Kindern.«

Der Frager schaute von einem zum andern. Mißtrauisch musterte er die schmutzigen Gestalten von oben bis unten, die Banditen nicht unähnlich sahen.

»Was führt euch her?« Seine Leute machten sich breit und versperrten den Weg.

»Wir sind Flüchtlinge und brauchen Hilfe. Wir haben nichts mehr zu essen.«

»Hm!« Der Mann rührte sich nicht vom Fleck. Auch Damjan und seine Begleiter blieben unschlüssig stehen. Mehr konnten sie nicht sagen. Sie waren eben nur Flüchtlinge, die nicht unter dem Schutz der Armee standen und somit keine Möglichkeit hatten, ihre Identität zu beweisen. Das einzige offizielle Papier, das Damjan besaß, war seine Taufurkunde, die in Wandula vergraben lag. Könnte er seine Bibel vorweisen, würde man ihm wenigstens glauben, daß er nicht zu Muzakkars Schwarzhelmen gehörte. Die aber lag oben in der Höhle irgendwo im Gepäck. Wie sollten sie diese Männer davon überzeugen, daß sie die Wahrheit gesagt hatten? Durch eine Lücke in den Bäumen hatten sie bereits den Rauch von Mayoas Küchen gesehen.

Seit drei Tagen hatten sie nur noch von Farntrieben gelebt. Damjans Beine zitterten, und der schmerzende Magen schwächte seine Denkfähigkeit.

»O Gott, wir sind beinahe am Ziel ...«, seufzte er stumm.

Der Mann aus Mayoa sprach mit seinen Leuten. Dann wandte sich einer kurz und bündig an Damjan: »Du da vorne! Dich kenne ich doch. Hast du nicht als Träger im Gebirge gearbeitet?« Damjan hätte ihn umarmen können.

»Das haben wir manchmal gemacht«, bestätigte er spontan, während ein Lächeln sein Gesicht erhellte.

Der Wortführer aus Mayoa streckte seine Hand aus. »Führe uns zu deinen Leuten. Wir werden euch helfen.«

Die Männer trugen Lebensmittel für die Armee. Das taten sie sonst nicht während der Regenzeit. Doch diesmal waren sie im Rückstand, und ihr Geld wurde ihnen erst ausbezahlt, wenn sie alles abgeliefert hatten. Oben bei der Höhle angekommen, legten sie ihre Lasten nieder. Dann gaben sie ihren eigenen Proviant den Wartenden, die sich wie Wölfe darauf stürzten.

Nach einer weiteren Nacht unter dem schützenden Fels konnte Damjan seine Gruppe in eine freundlichere Gegend hinunterführen.

Bevor sie aber das Dorf betraten, wuschen sie sich alle im Fluß und brachten ihre Kleider in Ordnung, die sie während der nassen Woche im Dschungel nicht mehr gewechselt hatten.

Der Dorfälteste empfing die müden, gebeugten Gestalten mit ihren schlafenden Kleinen, deren Köpfchen hin- und herbaumelten. Er blickte in ausdruckslose, hohläugige Gesichter. Knirpse, die sich an die Beine von Erwachsenen klammerten, bestaunten ihn mit großen Augen. Im Vergleich zu diesen sahen die Kleinen noch gut aus. »Wie viele seid ihr?« fragte er schließlich.

»Fünf Familien. Zwanzig Personen insgesamt.«

»Und von Nuha, sagt ihr, kommt ihr alle?«

»Ja, von dort.«

»Unglaublich! Eine gewaltige Leistung!«

Bei einem herrlich erfrischenden Kaffee, dem besten, den sie je gehabt hatten, berichteten sie dem gespannt lauschenden Dorfältesten von ihrer Flucht und wie es dazu gekommen war.

»Ihr seid nicht die ersten. Es kamen schon andere. Da war doch eine . . .«, sagte er zu einem Mann hinter ihm. »Erinnerst du dich an das Mädchen, das man vor einem Jahr oder so oben in einer Pflanzung fand?« Der andere nickte. Und wieder zu Damjan gewandt: »Wenn ich mich richtig entsinne, kam sie von einem ähnlichen Ort wie ihr. Hieß er nicht Wandulo?«

»Wandula im Landkreis Nuha«, ergänzte Damjan berichtigend.

»Danke schön! Wir fanden sie schlafend in einer verlassenen Hütte. Die Jagdhunde stöberten sie auf. Ohne die Hunde hätten wir sie niemals lebend gefunden. Ihr Zustand war fürchterlich: schmutzig, die Kleider zerlumpt, Haare wie ein Vogelnest, spindeldürr, mit aufgerissenen und geschwollenen Füßen und Schrammen. Sie mußte wiederholt gestürzt sein. Armes Mädchen! Sie war so schwach gewesen, daß wir sie ins Dorf tragen mußten. Nach einigen Tagen, als sie wieder gegessen und sich gepflegt hatte, kam sie in die Kirche und erzählte, wie sie in einem Lager der Aufständischen den Islam hatte annehmen müssen und wie sie dann entkommen war. Nun habe Gott sie zu uns geführt, damit sie hier seinen Sohn, Jesus Christus, bekenne und ihm diene. Sie hatte keine Ahnung, wie lange sie im Dschungel gewesen war. Wir vermuteten, es könnten etwa zwei Wochen gewesen sein.«

Damjan und Rusmini konnten es kaum fassen. »Wie hieß sie?«

»Nio. Ich werde das nicht vergessen! Sie war ungemein tapfer.« Er bemerkte, wie Damjan und Rusmini sich anblickten. »Kennt ihr sie?«

»Ja . . .« Die beiden konnten kaum sprechen. »Ja, tatsächlich, und wo ist sie jetzt?«

»Sie blieb eine Zeitlang und half uns in den Reisfeldern. Dann schloß sie sich einer Gruppe an, die gegen Osten nach Mori ging. Sie sagte, ihre Leute seien zerstreut. Vielleicht fände sie dort jemanden.«

»Dann treffen wir sie bestimmt«, meinte Damjan nachdenklich.

Die Ankömmlinge wurden bei verschiedenen Familien untergebracht. Dann wurde Reis gesammelt. Jeder Haushalt steuerte eine Schale voll bei. Nach allen Anstrengungen und Entbehrungen war die Freundlichkeit der Dorfbevölkerung für die Flüchtlinge eine große Ermutigung. Obwohl sie jetzt von ihrem bisherigen Leben unwiderruflich getrennt waren, bereuten sie es nicht, daß sie das Gebirgsmassiv überstiegen hatten.

Später zogen sie weiter nach Pendolo, einem Dorf am Poso-See und Hauptort des Landkreises. Hier durften sie bleiben, bis sie sich wegen ihrer weiteren Zukunft entschieden hatten oder eine Anordnung der Regierung kam. Mittlerweile verdienten sie ihren Unterhalt erneut als Landarbeiter. Innerhalb kürzester Zeit hatten sie im Dschungel das Material für ihre einfachen Hütten gesammelt, die sie dann zwischen den Feldern und Pflanzungen, in denen sie arbeiteten, aufstellten.

Rusmini legte die mitgebrachten Matten aus, befestigte die Moskitonetze und hängte die Wiege auf. Wie alle anderen pflanzte sie rundherum Bananen, Papayas und Blumen.

»Bapak Natan! Du solltest mir unbedingt einige Nester für meine Hennen machen. Ich weiß nie, wo sie ihre Eier legen«, drängte sie ihren Mann.

So flocht Damjan aus gespalteten Bambusröhren trichterförmige Körbe, die er mit Stroh auslegte und unter dem Dachvorsprung befestigte.

Rusmini freute sich darüber, fand aber, nun fehle noch ein Schwein. »Wir könnten ein kleines gegen ein paar selbstgewebte Schlafmatten eintauschen. Schau dich doch mal um im Dorf.«

»Wieder Schweine«, dachte Damjan, und schon erinnerte er sich an den süßlichen Geruch von verrottendem Dung, den er die ganze Zeit über vermißt hatte. »Nach der Reisernte, Mama Natan«, versprach er. »Dann haben wir Spelzen zum Verfüttern.«

Damjan schnitt einige Bambusflöten zurecht. Bei den anderen Familien gab es ebenfalls Bläser. Bald musizierten sie an den Abenden, erzählten sich Geschichten und lachten oft. Der kleine Natan rannte fröhlich hin und her und schnappte immer wieder neue Wörter auf.

Dann kam Weihnachten. Für Damjan und Rusmini war dieses Fest von besonderer Bedeutung. Endlich konnten sie wieder einmal in der Gemeinschaft mit anderen Christen feiern und dabei auch für ihre zurückgelassenen Familien beten. Die Botschaft des Engels an die Hirten: »Fürchtet euch nicht!« beeindruckte Rusmini wie nie zuvor. Ihr und Damjan wurde während des Gottesdienstes bewußt, wieviel alte Gewohnheiten und Ängste im Laufe der Flucht aus ihrem Leben verschwunden waren. Wiederholt hatten sie furchtlos unter Bedingungen gelebt, die ihnen vorher große Ängste eingejagt hätten.

Dank der Bereitschaft der Bauern, die Flüchtlinge zu beschäftigen, konnten alle bis zum Ende der Regenzeit arbeiten. Nach herrlichen Wochen wurde die Ernte eingebracht.

Bald konnte das Säen und Setzen von neuem beginnen. Dank früherer Übung handhabten die Frauen ihre Sichel so behende wie alle anderen. Da jedes siebte Bündel dem Schnitter gehörte, kamen sie zu einer ausreichenden Versorgung ihrer Familien.

Was ihnen hingegen fehlte, waren Neuigkeiten aus dem Südland. Darauf warteten sie alle schon lange vergeblich. Seit ihrer Ankunft vor etwas weniger als einem Jahr war nicht einmal der Hauch eines Gerüchts bis zu ihnen gelangt. Der Weg über die Berge wurde offenbar gemieden.

Nach einem anstrengenden Erntetag verließen Damjan und Jona mit ihren Frauen und Kindern das Feld und machten sich auf den Heimweg. Bei der Straße angelangt, bemerkten sie Leute, die sich von Mayoa her langsam näherten. Abwartend ließen sie sich nieder. Als die schwerbeladenen Fremden eintrafen, fragten sie nach Neuigkeiten aus dem Süden. Die sichtlich erschöpften Leute hielten an, legten ab, setzten sich ebenfalls und leerten ihre Wasserbehälter. Dann begann einer zu sprechen.

»Wotu wurde geplündert und zerstört!«

Die gefragt hatten, zuckten zusammen, als ob man sie geschlagen hätte. Sie alle schauderten beim Gedanken an ihre zurückgelassenen Familien.

»Und die Dörfer . . .?« Auf diese von bebenden Lippen geformte Frage vermied es der Mann, in ihre Augen zu blicken.

»Ebenfalls verbrannt!«

Auf hörbares Luftholen folgte eine entsetzliche Stille, bis schließlich eine Frau zu weinen begann. Als die Reisenden sahen, welchen Kummer ihre Mitteilung ausgelöst hatte, waren sie nur widerstrebend bereit fortzufahren.

»Wir müssen es wissen«, beharrte Damjan. »Bitte, erzählt weiter.«

»Es geschah, während die Armee in Wotu Bataillone ablöste. Muzakkars Spione müssen es erfahren haben. Verräter unter den Soldaten sind denkbar. Jedenfalls griffen die Aufständischen in einem kritischen Augenblick an und brachten alles mächtig durcheinander.«

»Es war zu leicht«, fuhr ein anderer fort. »Sie gerieten dann in einen Siegesrausch. Drei Tage lang wüteten sie in der ganzen Ebene, bis alle Dörfer in Schutt und Asche lagen. Wer überlebt hatte, versteckte sich im Dschungel . . .« Das Weinen verstärkte sich.

»Das könnten ja auch Spione sein,« fuhr es Damjan durch den Kopf. Mit barscher Stimme und zweifelndem Unterton fragte er: »Wer hat euch hierhergeschickt?«

»Wir kommen von uns aus, und andere sind noch hinter uns. Bringt uns zum Dorfältesten. Euer Dorf muß uns doch alle aufnehmen.«

Auch wenn Damjans unverhoffte Eingebung sich als wahr erweisen sollte, würde das ihren Familien, die wieder im Dschungel auf der Flucht waren, ja nicht weiterhelfen. Ihre Eltern – die von Sri, Lena und Rusmini – wo waren sie wohl? Doch sie wollten nun die Neuigkeiten sofort weitergeben. Damjan und Jona begannen zu laufen und überließen es den Frauen, sich um die Fremden zu kümmern.

Vom Gebirge her erreichten im Verlauf der nächsten Tage immer wieder Grüppchen von zerlumpten Menschen das Dorf am Poso-See, zuerst wenige, dann immer mehr. Bald kam ein Strom von Flüchtlingen. In der sonst ruhigen Siedlung herrschte jetzt ein geschäftiges Treiben wie an einem Festtag. Die Häuser der Einheimischen quollen über von Flüchtlingen. Wer im Haus keinen Platz mehr fand, ließ sich darunter zwischen den Pfählen nieder. Das Geräusch der Stimmen summte in der Luft. Erfahrungen wurden ausgetauscht. Familien, deren Angehörige sich unterwegs aus den Augen verloren hatten, suchten einander. Die Versorgung der unablässig eintreffenden hungrigen Menschen mit Essen ließ niemanden unbeschäftigt. Die Reisernte wurde unterbrochen.

Als Rusmini andere Helfer ablöste, packte plötzlich eine vor Schmutz starrende junge Frau ihren Arm – Lena! Ihre Schwester! Sie hatte sie nicht wiedererkannt. Wortlos umarmten sich die beiden. Dann die bange Frage »Wo ist dein Mann?«

Lena verharrte schweigend. Schließlich löste sich Rusmini aus der Umklammerung und nahm sie mit nach Hause. Nachdem Lena sich ausgeruht hatte, begann sie zu erzählen.

Damals, als die fünf Familien nordwärts gezogen waren, hatten auch Lena und ihr Mann das Lager verlassen. Sie wollten in seinem Heimatdorf in den Reisfeldern und Pflanzungen der Familie arbeiten. Asril hatte sich ihnen angeschlossen. In den dschungelnahen Dörfern aber war es auch unsicher. Es kam wiederholt zu Entführungen. Die Aufständischen fielen jeweils nachts in die Dörfer ein, suchten nach dem Pfarrer, dem Lehrer und anderen. Fanden sie keinen der Gesuchten, schleppten sie den erstbesten weg, der das Unglück hatte, in ihre Fänge zu geraten. Der Dorfälteste lief zur öffentlichen Verwaltung in Wotu. Er kam nicht mehr zurück. Niemand schien mehr Herr der Lage zu sein.

Ein Onkel von Lenas Mann hatte sich in die Nähe des Dschungels begeben, obwohl seine Frau ihn gebeten hatte, das Dorf nicht zu verlassen. Er wollte Palmwein zapfen und vermochte der Verlockung eines guten Fruchtstandes nicht zu widerstehen. Nach einigen Stunden vergeblichen Wartens schickte sie ihren halbwüchsigen Sohn, um nach dem Vater zu suchen. Als er sich dem Ziel näherte, flogen im hohen Gras ein paar Greifvögel auf. Dort, am Fuß einer Palme, fand er seinen Vater. Der Feind mußte ihn erwartet haben. Offenbar hatte er den Kampf aufgenommen und war dabei erschlagen worden. Stumm vor Entsetzen rannte der Junge, so schnell ihn die Füße trugen, zum Dorf zurück, wo er heftig schluchzend ins Haus stürzte.

Der Dschungel bot ihnen keinen Schutz mehr. In seinen geheimen Tiefen warteten die Aufständischen, gegen die sie machtlos waren.

»Wieder dasselbe wie in Nuha«, dachte Damjan, sagte aber nur: »Fahre fort, wenn du magst.«

»Schließlich griffen sie an. Wir Frauen kamen von den Pflanzungen. Als wir im Dorf eintrafen, ging der Alarm los. Durch das wahnsinnige Dröhnen hindurch hörten wir den schrecklichen Schrei: ›Muzakkar! Muzakkar!‹ Alles geriet in helle Aufregung. Wir hatten keine Ahnung, woher sie kamen und wohin wir gehen sollten. Mein Mann und Asril waren immer noch in der Pflanzung. Sie konnten nicht gewarnt werden. Wo sie jetzt sind, weiß ich nicht.« Nachdem sich Lenas Verkrampfung gelöst hatte, war der Redestrom nicht mehr aufzuhalten.

»Ich folgte meiner Freundin Tina in ihr Haus. Drinnen war es dunkel, die Fenster geschlossen. Sie legte ihren Säugling in einen Baso. Nachdem wir soviel als nur möglich an Eßbarem zusammengerafft hatten, entkamen wir über die Hängebrücke und rannten aufs Geratewohl auf den Dschungel zu. Zusammen mit Tinas Mann, den Kindern und noch anderen waren wir etwa fünfzehn. Als wir anhielten, um unser Gepäck besser zu verteilen, wollte Tina ihr ruhig gebliebenes Kind hochheben – und stieß einen Schrei aus! Anstelle ihres Kleinsten hatte sie ein leeres Kissen mitgenommen!

Wer mußte nun zurückgehen? Sie, ihr Mann oder beide? Sollten sie dabei in Kauf nehmen, daß ihre älteren Kinder verwaist zurückblieben? Die Kleine sei doch jetzt bereits im Feuer umgekommen, sagten die anderen. Aber

Tina gab nicht auf. Sie wollte sich Gewißheit darüber verschaffen. Ihr Mann fuhr sie an, sie solle doch wenigstens ins Kissen schreien. Mit einem Freiwilligen zusammen machte sie sich dann auf den Weg. Die Seile der Hängebrücke seien bereits gekappt gewesen, doch am Ufer habe noch ein Kanu gelegen. Obwohl ein Teil der Häuser in Flammen stand, konnte Tina das Kind bergen und zurückbringen. Nun warteten wir erst einmal, um uns über unsere weitere Flucht klarzuwerden. Die Kinder waren ruhig, bis auf ihr Kleinstes. Tina stopfte ihm ein Stückchen ihres Sarongs in den Mund. Armes Ding!

Sobald wir uns für den Poso-See entschieden hatten, zog es uns unaufhaltsam weiter. Nur stehend, gegen einen Baum gelehnt, ruhten wir uns dann und wann ein wenig aus. Sobald Tinas Mann vermutete, wir könnten einschlafen, goß er kaltes Wasser über unsere Köpfe. Innerhalb von drei Tagen hatten wir eine einzige Mahlzeit! In der Eile konnten wir nur ungeschälten Reis mitnehmen. Als wir ihn dann in einem Bodenloch mörserten, geriet ich in Panik. Dieses Stampfen konnten die Aufständischen wohl eher hören als das Schreien eines Säuglings. Aber irgendwann *mußten* wir etwas zu uns nehmen. Nachts begannen wir den Reis zu kochen. Halbgar aßen wir ihn. Es war wie Hühnerfutter. Rusmini«, jammerte sie, »wir haben wieder alles verloren! Ich besitze nicht einmal einen Reistopf!«

Rusmini wollte jetzt Lena wieder aufrichten, wie sie selbst einmal von Mama Asril ermutigt worden war. »Immerhin hast du dein Leben noch«, versuchte sie zu trösten, »und außerdem Gott, auf den wir vertrauen und mit dessen Hilfe wir widerstanden haben. Er wird dir auch die Kraft zu einem Neuanfang geben.«

Als Lena bloß wehmütig vor sich hinblickte, erzählte ihr Rusmini von den einsamen Stunden ihrer Niederkunft in Malili, als sie Gottes Gegenwart erfahren hatte.

Lenas Mann traf drei Tage später ein, abgezehrt und hungrig. Er und Asril hatten von der Pflanzung aus den Rauch des brennenden Dorfes gesehen. Sie blieben dort, bis sie im Schutz der Dunkelheit in den Dschungel entwischen konnten.

Damjan wollte wissen, wo Asril war.

»Wir waren einige Tage im Dschungel zusammen. Dann erfuhr ich, Lena sei mit anderen gesehen worden, die gemeinsam das Gebirge übersteigen wollten. Daraufhin schloß ich mich der nächsten Gruppe an, die denselben Weg verfolgte. Zum letzten Mal sah ich ihn, als er einem Dorfältesten zuhörte, während die anderen einen Unterstand bauten. ›Sie brannten unser Dorf nieder. Ich hatte seinerzeit beim Bau der Kirche geholfen. Nun ist sie zerstört‹, klagte der Mann. ›Nein, Bapak‹, widersprach ihm Asril, ›sie ist nicht zerstört, denn wir sind überall. Der Dschungel ist voll von uns.‹«

»Und der Mann, was sagte er dazu?«

»Ich konnte ihn nicht hören, ich sah nur seinen erstaunten Blick. – Was meinte Asril damit?«

»Daß *wir* die Kirche sind!« sagte Damjan.

»Ach so! Endlich verstehe ich.« Dann zog er aus seiner Tasche ein aufgeweichtes Papier hervor.

»Und *das* hätte ich beinahe vergessen! Ich habe ja noch einen Brief von Asril. Er ist aber feucht geworden, als wir einen Fluß durchquerten. Tut mir leid!« Er streckte Damjan ein zusammengefaltetes, mit Sago zugeklebtes Papier hin. Es war eine Heftseite. Damjan fragte sich, wie Asril wohl zu diesem Papier gekommen war. Er öffnete es sorgfältig. Dann begann er den nahezu unleserlichen, mit einem Stück Holzkohle hingekritzelten Text zu entziffern. ». . . in Sicherheit . . . im Dschungel versteckt . . . Fundament freigelegt . . . wiederaufgebaut!« Damjan wußte instinktiv, Asril meinte abermals die Kirche. »Der Herr sei mir dir!« Er ließ das mitgenommene Papier in seine Falten zurückfallen. Eine unsägliche Traurigkeit überkam ihn.

»Durch ihn sind wir hier«, sagte er zu sich selbst, »und nun hat er einen anderen Weg gewählt. Asril, wenn du nicht gewesen wärest, gingen wir jetzt nicht einem neuen Leben entgegen. Wir wären samt unserem Sohn im Dschungel umgekommen.«

Dann faßte sich Damjan wieder, steckte den Brief in die Tasche und sagte zu seinem Schwager bloß: »Er kommt nicht.«

Als Berichte eintrafen, die Armee habe die Lage im Süden unter Kontrolle, kehrten verschiedene Flüchtlinge zurück und begannen ihre verwüsteten Dörfer wieder aufzubauen. Viele aber blieben im Gebiet von Pendolo, wodurch die Umsiedlungspläne der Regierung zügig in die Tat umgesetzt wurden.

»Bald werden wir Land zugewiesen erhalten, Mama Natan«, frohlockte Damjan, als er vom Reisfeld zum Haus kam, »und wo siehst du uns in Zukunft, hier oder in Mayokeli oder irgendwo anders?«

Rusmini schätzte die Freundlichkeit der hiesigen Christen. Doch dann schaute sie auf den hohen Berg. Seine mächtige, steilabfallende Flanke, dschungelbedeckt, geheimnisvoll und ihr nicht ganz geheuer, schien fast über ihnen zu hängen. Die Sonne verschwand dort vorzeitig jeden Nachmittag.

»Nicht hier«, sagte sie, während ihr Blick bereits den anschließenden Dschungelhängen folgte, die den Poso-See westlich begrenzten. Am äußersten Ende des Sees, in Mayokeli, hatten sich bereits einige Gruppen von Flüchtlingen niedergelassen, darunter auch Laras Familie. Doch dort waren die Berge ebenfalls hoch und der Dschungel nahe.

»Auch dort nicht!« Und zu Damjan gewandt erklärte sie »Bapak Natan, ich will *nie mehr* nahe bei den Bergen oder dem Dschungel leben. Laß uns ins weite, offene Land gehen. Laß uns Richtung Osten, nach Mori, ziehen, wo Rumit herkommt.«

Das war durchaus in Damjans Sinne. Aber er wollte es von ihr hören. Sie selbst mußte davon überzeugt sein. Ihre Blicke trafen sich in stummem Einverständnis.

»Gut, Mama Natan, dann gehen wir am besten gleich«, meinte Damjan.

Vier Familien, dazu Lena und ihr Mann, schlossen sich kurzerhand der erneut aufbrechenden Gruppe an. Sie rechneten mit einer Reise von drei Tagen, mit gemächlichen Etappen wegen der Kinder. Diesmal führte sie der Weg über sanfte Hügel, die von schützendem Busch bedeckt waren, und durch Täler mit freundlichen Dörfern.

Die Schweine waren schnell verkauft, die wichtigsten Haushaltssachen bald in die Basos gepackt. Die Hühner wurden für den unterwegs nötigen Tausch gegen Reis in Bambuskäfige gesperrt.

Zum Zeichen eines Neubeginns scheuerten die Frauen am letzten Morgen ihre rußgeschwärzten Reistöpfe im Ufersand des Poso-Sees so blank wie nur möglich. Dann brachen sie abermals auf.

»Das nächste Mal möchte ich mich festwurzeln wie eine junge Kokosnußpalme, die dem schlimmsten Wirbelsturm standhält«, sagte Rusmini.

Hier wollen wir bleiben

Es ist an einem Morgen in Taliwan. Um halb sieben sitzen wir bereits auf der Veranda von Mama Natans Haus und schauen gegen die Sonne. An der Wand angelehnt stehen einige Baßflöten. Bapak Natan leitete am Vorabend die Band. Ich bin eben dabei, Taliwan zu verlassen. Wir warten noch auf die Träger. Mein Gepäck, schwerer geworden durch Geschenke, liegt ordentlich gestapelt bereit.

Unterwegs zur Schule tummeln sich auf der Straße lachende und rufende Kinder. Mama Natans beiden Jüngsten huschen durch die Tür und gesellen sich zu den anderen.

»Taliwans Zukunft«, sagt sie lächelnd. »Und die Zukunft des Landes«, denke ich. Dann frage ich Bapak Natan: »Was haben Sie zuerst gemacht, als Sie in Mori angekommen waren?«

»Das kann ich nicht mehr so genau sagen. Jedenfalls hatte mich Mama Natan schon lange bestürmt, das Kind sollte getauft werden. Sie hielt es für dringend, weil sie wegen des Kleinen ein Versprechen abgegeben hatte. Aber ich schob es immer wieder auf. In Wandula hatte ich mir und den anderen etwas vorgemacht. Ja . . .« zögert er, weil er meinen stummen Protest bemerkte. »Ich weiß. Wenn die Trommel zum Magrib rief, verschwanden wir im Haus, als wenn wir dort beten würden. Alle, die wir damals im Dorf geblieben waren, taten das, während unsere Herzen bluteten. Und vielleicht wäre das für den Rest meines Lebens so geblieben, wenn mein Bruder Asril mir nicht ein Vorbild gewesen wäre. Aber ich kam nicht los von jener Zeit. Ich hatte eben versagt, weil ich mich weder zu meinem Herrn bekannte noch bereit war, sogleich die Konsequenzen zu ziehen, alles aufzugeben und das Dorf zu verlassen. Doch Mama Natan ließ nicht locker.

Der Ortspfarrer war sehr freundlich. ›Es kommt nur darauf an, wie du dich jetzt fühlst‹, redete er mir zu. ›Was in der Vergangenheit war, das ist eine Sache zwischen dir und Gott. So sag ihm doch, was du getan hast. Er ist barmherzig und gnädig. Er wird dich von deiner Last befreien. Ich werde dann deinen Sohn taufen, und ihr beide müßt ihn im Glauben anleiten. Gott wird ihn später einmal zu sich ziehen, und er wird sich von ganzem Herzen zum Glauben seiner Eltern bekennen.‹ Ich kann nur sagen, der Pfarrer hat recht gehabt.«

»Und dann?«

»Dann warteten wir. Wir waren hier immer mehr Leute aus dem Süden, und wir arbeiteten, wo wir konnten, um etwas in den Magen zu bekommen. Ich weiß noch gut, wie wir in der ersten Zeit mit ein paar anderen zusammen das Land besichtigten, das die Regierung zur Ansiedlung von Flüchtlingen bestimmt hatte. Der abgeflachte Hügel war kahl und braun. Mama Natan war enttäuscht. ›Ein alter Hügel, den niemand will‹, sagte sie bloß. Doch dann bemerkten wir unten im Tal den Fluß, der sich um diese Erhebung windet. Sofort sah ich dort im Geist auf beiden Seiten üppige Reisfelder gedeihen. Oben, wo es kahl war, stellte ich mir das Dorf vor, umgeben von Kokospalmen. Aber in jenem Augenblick konnten wir bis zum Horizont nur die weite Ebene wahrnehmen. So hatte es sich Mama Natan doch eigentlich gewünscht.

Angesichts dieser großartigen Weite kam ich mir sehr

klein und unwürdig vor. ›Warum ausgerechnet wir? Warum sollten wir das bekommen?‹ fragte ich Mama Natan. ›Und nicht . . . und nicht . . .?‹ Eine Menge anderer Namen stürmten auf mich ein, Namen, die angemessener gewesen wären als meiner. ›Das weiß Gott allein‹, antwortete sie bedächtig. Und meine Gedanken vermutend, fügte sie flüsternd hinzu: ›Melde dich für den kahlen, alten Hügel!‹ Ich wollte brauchbar sein für Gott, und so betete ich: ›Herr, laß dieses Land doch unseres werden. Hilf uns, etwas zu schaffen, das deinen Namen ehrt.‹«

Ein frohlockendes Lächeln umspielt Mama Natans Lippen, und ich muß an ihre Tränen bei unserer ersten Begegnung denken. Damals war es also kein Kummer, sondern Rührung, als ihre Erinnerungen geweckt wurden. Nun ist sie es, die weitererzählt.

»Unsere fünf Familien erhielten als erste Land zugeteilt. Andere folgten. Sobald einmal die ersten Reisfelder bepflanzt waren, begann man auch Häuser aus Bambus zu bauen und deckte sie mit Gras ab. Sonst gab es hier nichts! Auf Bapak Natans Grundstück bauten die Leute ein Schutzdach, das als Kirche und anfänglich auch als Schule für unsere Kinder diente. Beinahe über Nacht war auf dem kahlen Hügel so etwas wie ein kleines Dorf entstanden.«

»Drei Jahre bearbeiteten wir den Boden, bis er einen Ertrag abzuwerfen begann«, ergänzt Bapak Natan. »Wir arbeiteten, aßen und schliefen auf den Feldern. Dabei waren wir völlig ungeschützt. Unsere Haut wurde ganz schwarz. Und nun sehen Sie sich einmal die Felder an!«

Sie sind tatsächlich ein sichtbares Zeichen für die Arbeit der Bauern von Taliwan. Im Vorjahr erhielt Bapak Natan von der Regierung sogar einen Preis für den höchsten Reisertrag.

»Wo lebt Asril heute?« frage ich.

»Er ging zurück zu den Dörfern in der Ebene und heiratete ein Mädchen, dessen Familie von den Aufständischen umgebracht worden war.«

»Und Ihre Eltern? Hat Mama Asril ihren ersten Enkel je gesehen?«

»Ja!« kommt es von beiden wie aus einem Mund. »Es waren bereits vier Enkel, als sie zu uns zog. Das war nach Bapak Asrils Tod. Sie ist hier begraben.« Ein Gefühl der Freude steigt in mir auf.

»Bapak Natan, Ihr Leben hat sich sehr verändert. Wie ist Ihnen heute zumute nach all dem, was geschehen ist?« Er schweigt. Habe ich ihn in Verlegenheit gebracht? Nach geraumer Zeit beginnt er zögernd:

»Es tut mir gut, über alles nachzudenken ... Das Leben gleicht bis zu einem gewissen Grad einem Staffettenlauf. Der Stab wird immer von Generation zu Generation weitergereicht. Verlieren wir den Stab ...«

»Dann haben wir nichts mehr weiterzugeben«, ergänzt Mama Natan. »Dann scheiden wir aus.«

»Richtig! Unser Volk wurde durch Krisen und Leiden geprüft, um sich dessen bewußt zu werden, was wir wirklich haben. Dafür wenigstens können wir Muzakkar dankbar sein. Hier, an diesem Platz, sind und bleiben wir Reisbauern. Das haben wir nun gelernt. Aber unsere Kinder lernen noch viel mehr. Sie wachsen auch im Glauben ihrer Eltern auf. Wenn sie schließlich hinausgehen und dann in einem freien Volk leben, so wissen sie um eine noch größere Freiheit.«

Meine Augen begegnen seinem vielsagenden Blick. Es ist ein Moment von Gemeinschaft, wie man ihn nicht oft erlebt. Wir denken gemeinsam über die *ewige* Freiheit nach, die unser Herr Jesus Christus für alle erwarb, als er sein Leben für uns hingab. Sie steht über der politischen Freiheit. Sie ist die Befreiung von Sünde, Verurteilung und

Tod, das heißt die Aufhebung unserer Trennung von Gott, damit wir sinnvoll leben können.

»Diesen Stab hat unsere Generation weitergegeben«, bekräftigt er noch zum Schluß.

Ich muß an Natan denken, der mein Schüler war. Mit Hilfe des Stipendiums wird er nun weit weg von hier sein Studium fortsetzen. Es gibt noch andere junge Christen in der gleichen Lage wie er, die sich lernbegierig nach neuem Wissen ausstrecken. Ob sie einmal ebenso bereit sein werden, diesen Stab weiterzugeben? Oder werden sie im unfaßbar wirren Gewoge des gesellschaftlichen Wandels, in all den Veränderungen von Werten ihre Identität als Christen verlieren?

Freudig und ganz erfüllt von diesem eindrücklichen Weg der Gemeinde Jesu unter den Pado-i, kehre ich nun an unsere Schule zurück. Unter meinen Kollegen sind bereits einige Angehörige der neuen Generation Indonesiens. Gemeinsam werden wir daran gehen, auf dem Grund, den andere vor uns gelegt haben, weiterzubauen.

NACHWORT

Zur Vorgeschichte

Am 17. August 1945 kam die Republik Indonesien zur Welt, und sie war höchst unwillkommen in der vom Krieg so arg gebeutelten, desillusionierten Völkerfamilie. Man sah in ihr kaum mehr als eine nicht lebensfähige Frühgeburt. Doch die junge Nation erwies sich als unverwüstlich, erstarkte zusehends im zähen Ringen um Macht, und international konnte ihr schließlich, wenn auch widerstrebend, die Anerkennung nicht mehr versagt werden. 1950 wurde Indonesien Mitglied der Vereinten Nationen.

Indonesien ist immer noch jung, seine Entwicklung keineswegs abgeschlossen. Will man es in seiner Eigenart verstehen, so muß man sich mit dem Vater der Republik befassen, dem damaligen Präsidenten Sukarno, und mit seiner politischen Denkart. Ihr Kern ist als Indonesiens »Pancasila«, das heißt fünf Grundsätze, bekannt:

Der Glaube an einen Gott
Eine gerechte und zivilisierte Gesellschaft
Die Einheit des Volkes
Demokratie
Soziale Gerechtigkeit

Sie verpflichten die Regierung, die Religionsfreiheit zu gewährleisten und unter den Anhängern der verschiedenen Glaubensrichtungen für gegenseitige Achtung zu sorgen – durchaus keine Selbstverständlichkeit in einem vorwiegend muslimischen Land!

Im Landeswappen zieren die Pancasila-Symbole die Brust des Garudah, eines mythologischen Adlers. Darunter steht ein altes javanisches Motto: Bhinneka Tunggal Ika, was soviel wie »Einheit in der Vielfalt« bedeutet. In diesen vier Wörtern ist das nationale Ideal kurz und bündig zusammengefaßt.

Und für Indonesien heißt das:

Tausende von Inseln mit Hunderten von ethnischen Gruppen und Untergruppen, mit vielen verschiedenen Sprachen und Dialekten, sind vereint unter einer Flagge, werden von einer zentralen Regierung geführt, und sie verständigen sich in *einer* Landessprache, dem Indonesischen.

Ob es gelingen wird, eine so unterschiedliche Bevölkerung in Freiheit zusammenzuhalten?

Vorläufig ist alles noch ein fortwährendes, spannungsgeladenes Experiment. Droht eine Konfrontation, so ist die Einheit gefährdet. Trotzdem: Bis heute besteht sie noch immer! Die Verfechter eines islamischen Staates möchten das moderne indonesische Leben und Denken völlig beherrschen, bis jetzt allerdings erfolglos. Ein Journalist brachte es folgendermaßen auf den Punkt: »Das eigentliche Wesen dieses Landes liegt in seiner ethnischen Vielfalt. Darum wird kaum je eine Philosophie dominieren.«

Die Geschichte handelt von einer Zerreißprobe aus der Zeit, als islamische Extremisten versuchten, das Leben ganzer Gebiete in Java, Sumatra und Sulawesi zu bestimmen.

Es geht hier um die Pado-i, eine ethnische Untergruppe im Distrikt Nuha auf Sulawesi (früher Celebes), die um Werte kämpften, die ihnen kostbar waren. Die freie Erzählung beruht auf den Berichten vieler Augenzeugen. Der geschichtliche Hintergrund liefert den Rahmen für darin verwobene eigene Erfahrungen. Lücken sind unvermeidlich, und vieles muß fragmentarisch bleiben.

Das gilt ebenfalls für Damjan und Rusmini, die Hauptgestalten dieser Geschichte, sowie für die auf Tatsachen beruhenden Erlebnisse aller übrigen mit der Handlung verknüpften Personen. So kam nur die Form der freien Erzählung in Frage, die dennoch der Vermittlung der Wahrheit dient.

M. K.

Zur heutigen Lage

Die zu den *Dar-al-Islam-Bewegungen* gehörenden *Mujahedin Ansarullah* (Helfer Gottes), die von *Kahar Muzakkar* angeführt wurden, verheerten sechzehn Jahre lang in den südlichen Teilen von Zentral-Sulawesi große Gebiete und terrorisierten die Bevölkerung. Doch mit der Zeit gewannen die Regierungstruppen die Oberhand. Die Lage der Aufständischen verschlechterte sich. Bald gab es nur noch führungslose Kämpfer in isolierten Widerstandsnestern, die als Banditen ihr Unwesen trieben.

Im Februar 1965 fiel Muzakkar im Dschungel durch die Kugel eines Heckenschützen, als er in einem Fluß badete. Die verschiedenen Dar-al-Islam-Bewegungen, die mit Waffengewalt einen Staat erzwingen wollten, in dem der Koran allgemein verbindliche Gesetzeskraft hat, wurden von der Regierung Sukarno schließlich verboten.

Dennoch kommt das Volk der zweihundert Millionen Indonesier nicht zur Ruhe. Ungefähr achtzig Prozent sind Muslime, von denen viele einen indonesisch, das heißt eher synkretistisch gefärbten Islam leben. Sie werden darum *Abangan* genannt, was rot bedeutet. Ihnen steht der *Santri* oder »weiße«, strenge Muslim gegenüber, der aber ebensogut mystische oder hinduistische Züge in seinem Glauben haben kann. Obwohl die Santri mehrheitlich friedlich gesinnte Menschen sind, gibt es auch unter ihnen solche, die einen »muslimischen Staat« mit allen Mitteln anstreben. Doch konnten sie bis jetzt von der Regierung unter Kontrolle gehalten werden. Ob und wie lange dieses System von Suharto gegenüber dem islamischen Fundamentalismus sich halten wird, ist schwer zu sagen. Angesichts der sozialen Situation, die gegenwärtig durch einen wachsenden Graben zwischen extrem reich und extrem arm gekennzeichnet ist, könnte es nach Auffassung von Fachleuten durchaus zu Aufständen kommen, die von Polizei und Armee nicht mehr in Schranken gehalten werden könnten; vor allem dann nicht, wenn im Zeichen des Islam, dem einzigen gemeinsamen Nenner, ein »Heiliger Krieg« ausgerufen würde.

Obwohl der Glaube an einen Gott zu den Grundpfeilern der Verfassung gehört, mehren sich in neuester Zeit die Spannungen zwischen den Muslimen und anderen Religionen, nicht zuletzt unter der großen Zahl von indonesischen Studenten. Christen in einflußreichen Positionen haben keinen leichten Stand. Zugespitzt hat sich die Lage unter anderem bei den Batak aus Nordsumatra, aber auch die chinesischen Christen in den Städten geraten zunehmend unter Druck. – Soviel zur gegenwärtigen Lage in Indonesien.

Die Flüchtlingsnot, von der dieses Buch handelt, geht uns indessen *alle* an. Seit dem Zweiten Weltkrieg sind Flüchtlingsströme rund um die Erde zum großen, kaum lösbaren Problem unserer Tage geworden, und das Ende ist nicht abzusehen. Dabei geht es um mehr als nur um materielle Fragen. Die richtige Einstellung zu unseren Mitmenschen finden wir nur, wenn wir uns von Gottes Wort leiten lassen (2. Mose 23,9; 5. Mose 10,19; 24,17; Sacharja 7,10).

Das Leiden der Flüchtlinge unserer Tage, wo immer wir ihm begegnen, soll uns darum im Innersten treffen und uns zur Besinnung bringen, daß *wir alle* nur »Gäste und Fremdlinge auf Erden« sind, die »hier keine bleibende Stadt« haben und die zukünftige suchen (Hebräer 11,13; 13,14; Philipper 3,20).

Nur die unbedingte Liebe zu Gott kann unsere Existenzangst überwinden. Sie allein befähigt uns zu jener selbstlosen, wahren Liebe, die nach keiner Gegenleistung schielt und somit auch keine Dankbarkeit erwartet. Ihr allein gilt Jesu Verheißung: *»Was ihr getan habt einem von diesen meinen geringsten Brüdern, das habt ihr mit getan«* (Matthäus 25,40)

A. I. G.

WORTERKLÄRUNGEN

Ayo!: Vorwärts!

Bapak: a) Vater, b) respektvolle Anrede für einen älteren Mann oder einen Mann von Rang, c) übliche persönliche Anrede für einen Elternteil, mit dem Namen des erstgeborenen Kindes, sei es ein Junge oder ein Mädchen.

Baringin: Ein sehr großer Baum, mit vielen Luftwurzeln, die am Boden wieder Fuß fassen, wodurch kleine Räume entstehen können. Nach der Überlieferung hausen dort die Geister.

Baso: Ein ländlicher, vielseitig verwendbarer Tragkorb, hergestellt aus dem breiten Ende eines Blattes der Sagopalme.

Bugis: Ein Seefahrervolk im Süden Sulawesis und entlang der Küsten, oftmals fanatische Muslime.

Enau: Eine große Palme. Die süßen Früchte gleichen Trauben. Aus dem gegorenen Saft kann der Palmwein (Saguer) gewonnen werden. Der ungegorene Saft kann zu braunem Zucker eingekocht werden.

Farntriebe: Die jungen, noch eingerollten Triebe des Straußfarns, Mattheuccia struthiopteris (L.) Todaro, sowie des Adlerfarns, Pteridium aquilinum (L.) Kuhn, werden in Ostasien, in Nord- und Südamerika, aber auch in Großbritannien als delikater Salat genossen. Beide Arten kommen auch bei uns vor. Sie gelten in neuerer Zeit als Verursacher von Magenkrebs (Fiddlehead Forum, Bulletin of The American Fern Society Nr. 3/1991).

Garudah: In der indischen Mythologie ein adlerartiger Vogel, Fürst der Vögel und Feind der Schlangen, der Vishnu als Reittier dient; eigentlich ein Sonnensymbol.

Ibu: a) Mutter, b) respektvolle Anrede für eine ältere Frau oder eine Frau von Rang, unabhängig von ihrem Familienstand, c) Ehefrau. Ibu Lara ist die Frau von Bapak Lara.

Imam: (arabisch »Führer«, »Vorbild«) Der Vorbeter beim rituellen Gebet in der Moschee; auch Ehrentitel für hervorragende muslimische Theologen und Juristen.

Kangkung: Eine eßbare, in den Sümpfen vorkommende Pflanze.

Kapok: Samenfaser des Kapokbaumes, ein Füllmaterial für Polster.

Magrib: Gebetszeit für Muslime bei Sonnenuntergang.

Mama Natan: Die Mutter von Natan. Die Eltern werden nach ihrem ältesten Kind benannt.

Mangrove: Immergrüne Waldgesellschaft tropischer Flachküsten außerhalb der Brandungsbereiche an periodisch überfluteten Standorten; bei Flut ragen nur noch die Kronen aus dem Wasser, bei Ebbe auch Stütz- oder Atemwurzeln.

Merah-putih: Rot-weiß. Die rot-weiße Landesfahne der Republik Indonesien.

Mori: Eine den Pado-i verwandte Sprach- und Volksgruppe.

Om: Onkel. Ein sprachliches Überbleibsel von den Holländern. Hier eine respektvolle Anrede für Männer, die vom Alter her über dem Sprechenden stehen.

Parang: Buschmesser. Eine lange Klinge mit Holzgriff. Für das Überleben im Dschungel und Busch ein unentbehrliches Mehrzweck-Werkzeug.

Rattan, auch Rotan: Rohrpalme (Schilfpalme), lianenartige Kletterpflanze, bekannt als Spanisches Rohr oder Peddigrohr, aus dem Stühle usw. geflochten werden.

Sago: Gemeint ist die meistens im Sumpf wachsende, dickstämmige Sagopalme, aus deren Mark das Sago, ein Grundnahrungsmittel der Pado-i, gewonnen wird. Es ist ein körniges Stärkeerzeugnis, das gekocht und zusammen mit Fisch, Gemüse usw. gegessen wird. Es kann auch gebraten, getrocknet oder zum Backen von Keksen verwendet werden. Die großen Blätter der Palmen, mit einer Spannweite bis zu einem Meter (ein leichtes, wasserdichtes Material), eignen sich gut als Hausdächer, für Wände und als Fächer. Die äußeren Schichten der Stämme können anstelle von Bambus als Bodenbelag verwendet werden.

Sarong: (malaiisch »Umhüllung«) Ein vielfach verwendbares, rockartig gewickeltes Kleidungsstück aus bedrucktem Baumwollstoff, dessen Enden zusammengenäht sind. So kann es auch als eine Art Schlafsack dienen.

Sawah: Reisfeld mit sogenanntem Sumpf- oder Naßreis – im Gegensatz zum trocken wachsenden Bergreis, der einen sehr geringen Ertrag gibt.

Tikar: Eine aus Palmwedeln oder einer Art Binse gewobene Matte. Nachts wird darauf geschlafen, tagsüber wird sie zusammengerollt.

Ubi: Eine stärkehaltige Knolle (Maniok, Tapioka). Die auf den Bergen gepflanzten Ubi sind niedrig und strauchartig. Die grünen Blätter werden als nahrhaftes Gemüse gegessen. Einige Arten, z.B. die wild im Wald vorkommenden Ubi, enthalten eine für den Menschen giftige Substanz, weshalb sie vor dem Essen gut gekocht werden müssen.